民族文化的启蒙之旅

幼儿园地方民族文化课程的实践案例

黄雪萍　刘　潇　韦莹莹　|主编|

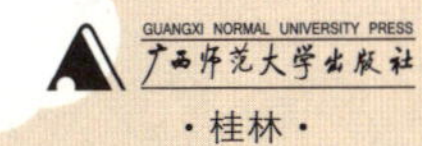

·桂林·

编委会

主　　编：黄雪萍　刘　潇　韦莹莹

副 主 编：祁道林　海　颖　覃春华　陈　丹　李姿谕

编写人员：（按姓氏首字母排序）

曹慧莹　陈金秀　陈小连　丁　捷　韩　冬

何东妮　黄丽霞　黄玲玲　黄木秀　黄艳妮

黄银莹　黄尹麒　李凤鸣　李佩芝　李艳萍

林方彬　刘彦麟　罗丽丹　罗珍艳　孙丽华

覃丽琴　覃仙瑶　覃艳华　谭萍萍　韦　霓

韦　婷　韦曾薇　韦佳圆　韦利娟　韦利莎

韦莲芳　韦燕妮　吴丽华　杨　宏　杨茉茉

叶　柳　张秋萌

序 言

在全球化进程加速、文化多样性愈发重要的今天，如何有效地保护和传承民族文化成为每个民族必须面对的紧迫课题。教育工作者作为民族文化的承载者和传播者，肩负着传承文化、培养下一代民族认同感的使命，而《民族文化的启蒙之旅：幼儿园地方民族文化课程的实践案例》一书，在这方面提供了一条具有现实意义的探索与实践路径。

本书专注广西河池地区丰富的民族文化资源，详尽地阐述如何将这些民族文化元素融入幼儿园课程。通过将文化与教育有机结合，本书展现了幼儿教育在民族文化传承中不可或缺的作用。无论是在幼儿园的日常教学活动，还是在文化传承的实践探索过程中，老师们以幼儿为本，运用灵活多样的教学手段，使幼儿在亲身体验中领略到文化的魅力与力量。

一、本书展现了幼儿园做出的有益探索

（一）将民族艺术、习俗、游戏、文学、技艺等传统文化融入幼儿园课程

在幼儿园“合声”课程的总体框架指导下，老师们深入挖掘民族文化，

从民族艺术、民族习俗、民族游戏、民族文学、民族技艺等五个文化领域入手，将优秀的地区民族文化融入幼儿园课程。本书通过展示这五个文化领域在幼儿园教学的具体实践案例，向读者阐释了如何将丰富的地区民族文化资源与幼儿园的日常教育实践相结合，形成了较为系统的园本课程。

一是民族艺术。本书通过多个课程故事，展示了老师们如何通过民族音乐、舞蹈等艺术形式激发幼儿的感知力和创造力。例如，在课程故事《咚咚哒，打扁担啦》中，幼儿通过探索和尝试壮族的扁担舞，领略了音乐的韵律，感受了舞蹈的愉悦。同时，老师在引导幼儿学习的过程中不断优化教学方法，通过游戏和艺术的结合，促进幼儿在动手操作和感官体验中学习和成长。

二是民族习俗。习俗文化是民族文化的重要组成部分，它蕴含着丰富的社会经验和历史传统。本书中的依饭巡游等习俗文化课程活动，通过将节日庆典、传统习俗与幼儿园日常教学相结合，使幼儿在模拟活动中体验了民族习俗的文化精髓，并在游戏与学习的过程中逐步理解文化背后的价值观念。

三是民族游戏。游戏是幼儿学习的主要方式之一，在本书中也得到了充分的体现。通过富有民族特色的抢粽粑、舞草龙等传统游戏，老师们不仅引导幼儿了解这些游戏的历史背景，还帮助幼儿在游戏中学习规则，并锻炼他们的团队协作和解决问题的能力。本书展示了老师如何通过游戏教学增强幼儿对民族文化的兴趣，并促进幼儿的身体协调性和社交能力的发展。

四是民族文学。在本书的课程设计中，传统文学资源，如民间故事、英雄传说等，被巧妙地运用于培养幼儿的语言表达能力和文化认同感。例如，课程故事《骑飞马的人——探寻英雄莫一大王》引领幼儿深入了解仫佬族英雄莫一大王的传奇故事。通过叙述和戏剧表演，幼儿既体验了故事中的勇敢与智慧，又从中领悟了民族精神。

五是民族技艺。技艺文化是民族文化的重要遗产。通过将编织、扎染等传统手工技艺融入幼儿园课程，老师们为幼儿提供了丰富的体验式学习机会。在课程故事《自然而“染”“布”可思“艺”》中，幼儿在扎染活动中体验到了民族传统技艺的精妙之处，并在动手制作的过程中体会了创造的乐趣与成就感。

（二）课程故事与老师的教育叙事相结合

本书的一个显著特点是，通过将课程故事与老师的教育叙事相结合的方式，生动地展示了民族文化与幼儿园课程融合的过程。这种结构不仅生动呈现了幼儿在课程中的探索与成长，也反映了老师们在课程建设中的心路历程与专业成长。

课程故事展现了真实的教学场景。每一个课程故事都是在实际教学过程中发生的真实事件，内容涵盖了从课程设计、活动实施到师生互动的全过程。这些故事细致地记录了幼儿在参与课程过程中表现出来的问题、兴趣、困惑和进步，真实反映了幼儿在学习中的思考和成长。例如，在学习扁担舞的过程中，幼儿最初因节奏不统一而感到困惑，但在老师的引导下，通过讨论和合作，他们最终成功掌握了方法。这样的叙述使读者不仅能了解课程内容，还能清晰地看到幼儿在探索过程中的成长轨迹。

教育叙事反映了老师的反思与改进。老师的教育随笔记录了他们在实践过程中遇到的挑战、反思与成长过程。例如，在指导幼儿练习民族舞蹈时，面对幼儿动作不协调的难题，老师们通过反思调整了教学策略，增加了更多分步学习和实践的机会，帮助幼儿逐步掌握技能。这种在实践中不断反思与改进的态度，不仅充分展现了老师们的专业素养，也为其他幼儿教育工作者提供了宝贵的参考。

在课程构建过程中，老师不只是知识的传播者，他们更是幼儿探索与学习的支持者和引导者。在每一个课程故事中，老师都通过观察幼儿的兴

趣和需求，灵活调整教学策略，与幼儿的步伐同步，适时地提供支持和引导。例如，在“‘趣’抢粽吧”的课程中，老师注意到幼儿对活动中的比赛规则感到困惑，于是及时提供了游戏规则的讲解和示范，帮助幼儿更好地理解和参与其中。这样的教学实践不仅促进了幼儿的认知发展，也增强了他们的社交能力和合作意识。

二、未来的改进空间与展望

尽管园所在将民族文化融入幼儿园课程方面做出了颇具成效的探索，但在未来的课程建设中仍有一些可以进一步改进和完善的地方。首先，如何在有限的课程时间内深入挖掘和融入更多民族文化元素，仍是一个需要进一步探索的课题。其次，老师们在面对复杂的文化内容时，如何在保持幼儿兴趣的同时有效传递文化的内核与价值，也需要更深入地研究与反思。最后，关于幼儿对文化内容的接受度和理解水平，应如何通过科学的评估体系进行衡量和反馈，也是在未来课程设计中需要关注的重要问题。

总之，《民族文化的启蒙之旅：幼儿园地方民族文化课程的实践案例》不仅展示了老师的教育实践，还呈现出老师对文化传承的思考与探索。它通过丰富的课程故事与老师的反思记录，展现了民族文化教育在幼儿园课程中的可能性与成效。我们期待这本书能够为更多的幼儿教育工作者提供启发与借鉴，也希望在未来的实践中，民族文化能够更加深入地融入幼儿教育，为幼儿的成长注入更多的文化养分。

广西民族大学　雷湘竹

前 言

一、民族文化传承的重要地位

“求木之长者，必固其根本”，作为一个民族的独特标识，民族文化承载着深厚的历史底蕴和丰富的精神内涵，它如同一根坚韧的纽带，将过去与现在紧密相连。在全球化浪潮与多元文化交融的今日，保护和传承民族文化的重要性愈发凸显。它不仅关乎着一个民族的身份认同、历史记忆与文化自信，还深刻地塑造着民族的精神风貌，引领着价值观念的形成，并激发着民族创造力的蓬勃发展。保护和传承民族文化，是维护文化多样性、促进社会和谐、推动文明进步的关键所在。

中国，作为多民族共同发展的多元文化国家，在历史的长河中孕育了独特而丰富的民族历史和文化特色。这些宝贵的资源不仅为我国的精神文明建设提供了深厚底蕴，也为文化教育创新开辟了广阔空间。我们应当珍视并传承这份文化遗产，让其在新的时代背景下焕发出更加璀璨的光芒。

对于幼儿教育而言，民族文化是不可或缺的教育资源宝库，这些资源包括民间故事、传统游戏、节日庆典等，它们不仅具有趣味性，更富含深刻的教育意义，能够激发幼儿的学习兴趣与探索欲。老师通过巧妙运用这

些资源，可以为幼儿打造一个既生动又有趣的学习环境，让他们在游戏中学习，在快乐中成长。学习和传承民族文化，让幼儿得以深入了解自己的民族根源，感受文化的魅力与力量，培养爱国情怀，进行品德教育。

二、河池地区民族文化在幼儿教育中的璀璨绽放

对话非遗，共享成长。

传承非遗，留住民族文化根脉。

在我们的心中，有一个传承梦正在开启。

什么是民族文化课程？目前，幼教界尚未有统一定义。

2017年中共中央办公厅、国务院办公厅印发的《关于实施中华优秀传统文化传承发展工程的意见》[1]指出，教育系统的各学段都要加强对优秀传统文化的教育和传承。非遗传承要全方位、全学段、全过程地融入国民教育各个领域和各个环节，并要“以幼儿、小学、中学教材为重点，构建中华文化课程和教材体系”。由此可见，传统文化与幼儿园教育相结合已经成为重要且紧迫的任务。

2018年1月1日，河池市正式实施了《河池市非物质文化遗产保护条例》[2]（以下简称“《条例》”），这是河池市行使地方立法权后制定的第一部实体法。这部条例不仅体现了河池市对非物质文化遗产保护工作的高度重视，也为其规范化、制度化管理提供了法律依据。《条例》规定，市、县（市、

1 中共中央办公厅、国务院办公厅印发的《关于实施中华优秀传统文化传承发展工程的意见》于2017年1月25日发布并实施。

2 《河池市非物质文化遗产保护条例》是河池市非物质文化遗产保护地方性法规，于2017年8月31日经河池市第四届人民代表大会常务委员会第九次会议通过，2017年9月21日经广西壮族自治区第十二届人民代表大会常务委员会第三十一次会议批准，自2018年1月1日起颁布实施。

区）人民政府应当建立本级代表性项目名录，并实施每两年一次的代表性项目认定机制，确保非物质文化遗产的活力与生命力得以持续传承和发展。

据《条例》统计，河池市已列入国家级非物质文化遗产代表性项目名录的有9项，自治区级项目名录的有45项，市级项目名录的有87项，县级项目名录的有592项，涵盖了民间文学、民俗、传统舞蹈、传统音乐、传统美术、传统技艺、传统体育、游艺与杂技等多个领域。这些珍贵的非物质文化遗产是优秀传统文化的重要组成部分，是民族文化的瑰宝，更是河池劳动人民智慧的结晶。

面对如此丰富的文化遗产，如何将其有效融入现代生活，尤其是如何让幼儿感受到民族文化的魅力，成为一个值得深思的问题。

幼儿园作为幼儿接受教育的起点，其课程内容的选择直接关乎幼儿的成长与发展。科学有效地将民族文化资源融入幼儿园的教育活动，具有非常重要的现实价值。随着《幼儿园教育指导纲要（试行）》（以下简称“《纲要》”）的颁布实施以及“民族文化进校园”活动的开展，我园——河池市直属机关幼儿园（以下简称“河池市幼”）——开始积极探索将河池市非物质文化遗产代表性项目名录中的民族文化资源应用到实践教学过程中。通过设计丰富多彩的体验活动，例如邀请非遗传承人进幼儿园展示传统手工艺、组织幼儿参与民族舞蹈的学习与表演、开展民俗故事讲述会等，让幼儿在亲身体验中感受非遗文化的独特魅力。这不仅能让幼儿在快乐的氛围中学习知识，还能培养他们的文化认同感和自豪感，铸牢中华民族共同体意识。这种以儿童为本位、以文化传承为目标的教育实践，正是当下社会所急需的。

文化传承是一场长久的修行。我园坚定“河池民族文化融入幼儿教育”的研究方向，始终致力探索和实践具有地方特色的幼儿教育模式，为幼教同行们提供了一个经验样本，让非物质文化遗产在新时代焕发出更加绚丽的光彩，也让中华民族的优秀传统文化在幼儿心中生根发芽，茁壮成长。

三、民族文化融入幼儿园课程的发展阶段与探索

在“合声”文化的引领下，我园重新梳理整个课程脉络，经由多年的深入思考、持续实践与不断反思，创生出独具特色的民族文化园本课程——“合声”课程。

“合声”课程是我园多年探索与实践的结晶，它立足于河池深厚的民族文化土壤，将地方民族文化资源与幼儿园课程紧密结合，形成了具有鲜明地方特色的民族文化园本课程体系。

历史是照亮未来最好的明灯。“合声”课程在不懈的探索与深刻的反思中逐步完善。以时间发展为纵向线索，回顾河池市幼从1966年至2024年的58年办园历程，民族文化课程的发展历程清晰地划分为三个阶段。每个阶段都凝聚了老师们的汗水与智慧，见证了老师们对教育事业的执着追求与不懈努力。

（一）萌芽阶段：民族文化与幼儿教育的融合之始

1966年至2002年，河池市幼的课程是以分科教学为主。2003年，广西壮族自治区教育厅指定的首个主题式教参《幼儿园适应性发展课程》诞生，我园作为河池市学前教育龙头园，率先参与课程改革工作，积极探索从分科教学向主题式课程的转变。通过不断地实践研究，老师们逐渐掌握了将五大领域的教学内容融入幼儿园主题活动的教学模式。

依托河池地区丰富的多民族文化资源，以及老师们对主题式课程的日益熟悉，我园以《幼儿园适应性发展课程》为主要课程资源，开始尝试将当地的民族文化融合进幼儿园的教育教学中。

2002年6月至2005年6月，我园老师积极参与由王冰教授[1]组织的中国

---

1 王冰，山东师范大学学前教育系原主任、学前教育专业硕士研究生导师。

学前教育研究会“十五”规划课题“幼儿民族文化艺术教育研究”，以主题式课程为框架，初步开展了对民族文化艺术教育的探究。

随着研究的深入，老师们逐渐认识到，民族文化与艺术教育并非简单地相加，而是需要深度地融合。于是，2006年，我园老师参加了侯莉敏教授[1]主持的中国学前教育研究会“十一五”研究课题、广西教育学会幼儿教育专业委员会“十一五”研究课题“多元文化背景下广西幼儿艺术教育课程的构建与适宜性研究”等多项课题研究。

以课题研究的方向为索引，我园聚焦于“民族文化”与“艺术教育”这两个核心关键词，逐渐形成以地方民族文化和艺术教育为主的园所特色。这个过程中，老师们深刻认识到民族文化资源融入主题式教学的可行性与显著优势，结合河池地区民族文化资源构建课程体系的意识应运而生。

我园以主题网络为构建载体，深入探究将民族文化融入幼儿园课程体系的实施路径。老师们通过挖掘、整理、开发有河池地区民族文化特色的课程资源，提取适合在幼儿园开展的文化主题，以此为中心，构建丰富多元的民族文化课程内容。为了系统梳理和固化这些研究成果，我园老师整理出了《地方民族文化主题探究活动方案》，这一方案确立了我园园本课程的基本定位，也为我园未来的课程发展提供了坚实的指导。

在实践过程中，我园也取得了丰硕的研究成果。我园成功获评中国学前教育研究会“十五”课题“幼儿园适应性发展课程”实验园和“幼儿民族文化艺术教育”实验基地。同时，老师们深入挖掘地方民族文化资源，撰写了多篇高质量的论文；组织开展的“走进白裤瑶”“神秘的仫佬族”及“毛南风情”等主题活动案例在各级评比中脱颖而出，荣获多项荣誉；我园还公开发行了以“瑶族”为主题的幼儿园生态主题教育课程资源。

1 侯莉敏，现任广西师范大学教育学部二级教授、博士生导师。

老师们还积极挖掘地方民族艺术资源作为素材，创编了《瑶山猴娃乐》《顶卡花》《松诺》等幼儿舞蹈，这些作品在国家级、自治区级及市级比赛中屡获殊荣。

幼儿园生态主题教育课程资源光碟

2005年幼儿舞蹈《瑶山猴娃乐》获花儿朵朵全国少年儿童音乐舞蹈邀请赛金奖

2008年幼儿舞蹈《顶卡花》获上海之春国际音乐节少儿音乐舞蹈专场特等奖

2010年幼儿舞蹈《总理爷爷到我家》获广西
"新童谣、新儿歌"创作表演大赛金奖

在萌芽时期，我园对地方民族文化进行了"园本化"的实践，成功打造了大量的课程实践案例。这一阶段的探索为我园后续的课程发展奠定了坚实的基础，也为继续探索民族文化资源与幼儿园课程的深度融合提供了宝贵的经验。

（二）发展阶段：民族文化园本课程的深入探究

2010年，随着我国经济社会的飞速发展，学前教育实现了跨越式发展，管理体制日益完善。从《国家中长期教育改革和发展规划纲要（2010—2020年）》的发布，到《中共中央　国务院关于学前教育深化改革规范发展的若干意见》的出台，"提高学前教育质量"成为学前教育发展的主旋律。

2012年，教育部印发了《3—6岁儿童学习与发展指南》(以下简称"《指南》")，这是引领广大幼教工作者全面提升科学保教水平的又一里程碑式文件。文件下发后，我园掀起了学习《指南》的热潮。

在此持续发展的阶段，我园老师对民族文化园本课程的建构进行了更为深刻的思考：

第一，课程建设的目的是什么？我园始终坚守一个原则：课程必须适

合幼儿，并能够促进幼儿的全面发展。这意味着课程目标不仅仅是传授知识技能，还包括培养情感、态度和价值观，以及建立民族文化认同感。

第二，课程建设的主体是谁？我园认为民族文化课程建设的主体既不是专家，也不是领导，而是与幼儿最直接接触、最了解幼儿需求和特点的老师。因此，老师应积极参与课程建设，发挥其主体性和创造性。

第三，课程建设的基本理念是什么？《纲要》《指南》等文件反复强调了课程建设的理念：游戏化、生活化、经验化、整体化、过程化、情景化。其中游戏化、生活化、经验化是最核心的理念。民族文化课程应该通过游戏化的教学方式，激发幼儿的学习兴趣和积极性；将源远流长的民族文化内容生活化，让幼儿更好地理解和应用所学知识；通过经验化的学习过程，让幼儿在实践中更深刻地了解民族文化。

第四，民族文化课程应该如何实施？我园注重将民族文化元素巧妙地融入日常的教学活动。例如，在节日庆典时，老师们会组织幼儿体验制作传统民族工艺品，如编织、扎染等；在户外活动时，老师们会组织幼儿参观当地的民族博物馆或文化遗址，让他们亲身感受民族文化的魅力。此外，老师们还会邀请非遗传承人走进幼儿园，与幼儿进行面对面的交流。

第五，课程应该如何评价？我园坚持以幼儿为中心的评价理念，注重评价的过程性和情境性。老师们通过观察、记录、反思等方式，全面了解幼儿在学习过程中的表现，以及他们对民族文化的理解和认同情况。同时，老师们也鼓励幼儿参与评价，为幼儿搭建一个展现学习成果的舞台，让他们在展示中进行自我评价、自我反思，从而更好地促进他们的学习和发展。

通过一次次围绕核心问题的深入研讨，我园逐步理清了思路，建立和完善了包含课程目标、课程内容、课程实施和课程评价的全面课程实施方案体系。同时，我园老师继续深入地方民族文化资源融入幼儿园教育教学“民族类”课题的研究方向，并以此为切入点，开展园本课程的实践。

2022年，《幼儿园保育教育质量评估指南》[1]颁布，这促使我园对拥有58年悠久历史的园所文化进行重新梳理和提炼。以培养什么样的幼儿为出发点，我园老师们深入学习了习近平总书记关于弘扬中华优秀传统文化的重要讲话，充分认识到传统文化是中华民族的精神命脉，开展中华优秀传统文化教育是落实立德树人教育的重要基础。

我园地处少数民族聚居地，这里拥有浓郁的少数民族文化积淀。同时，通过多年来的民族文化课程实践，我园积累了丰富的民族文化课程资源。因此，在梳理园所文化的过程中，我园将园所文化定位为“合声”文化。这一文化强调老师、家长和幼儿凝心聚力，共同奏响传承民族文化之声，唱响儿童之声，展现我园对民族文化传承与创新的重视，以及致力构建具有河池特色的民族文化课程体系的决心。

“合声”文化墙

1 中华人民共和国教育部于2022年2月10日印发《幼儿园保育教育质量评估指南》。

"合"是中国人的信念，也是包罗万方的气势。上下和东西南北四方称为六合，也是团团圆圆的温暖。"声"包含自然之声、教育之声、民族之声、儿童之声。它是发自河池市幼校园深处最真诚的声音，也是我园蕴含的文化力量；是自然朴素且没有任何人为痕迹的教育本身；是源于多民族文化共融的合奏，叩响多元文化的传承与发扬，更是源自纯洁嘹亮的稚嫩童声。

（三）深化阶段："合声"文化引领下的园本课程探索

在"合声"文化的引领下，我们建构了以"生活涵美、游戏启美、艺术益美，运动健美、行动扬美"为思路和重点的主题系列课程，形成德智体美劳全面发展的特色教学，实现民族文化修德，民族艺术益美、民族体育健美，培养具有爱国精神、民族精神和优良道德品质的儿童。

这个阶段的园本课程探索，是在原有的"地方民族"课程基础上，以"儿童视角、传承、融合、创新"的课程理念为指引，对整个课程脉络进行了再思考、再发展、再建构。在此过程中，我园重点围绕以下五个方面进行了深入的思考和研讨。

首先是研儿童。民族文化传承涵盖了语言、艺术、音乐、舞蹈、手工艺等多个领域，这些领域的学习有助于幼儿全面发展。同时，老师们也深知，每一位幼儿都是独一无二的个体，他们有自己的看法、想法和感情。卢梭也曾说过："儿童是有他特有的看法、想法和感情的。"[1]这提醒幼教工作者，在教育幼儿的过程中，应该倾听他们的心声，尊重他们的想法，以幼儿为主体，遵循他们的身心发展规律。这样才能真正促进幼儿的全面和谐发展。

为了更好地促进幼儿的身心发展，我园成立了课程研究小组，以《纲要》和《指南》为指导，对各年龄段幼儿身心发展水平和特点进行观察、

1　卢梭：《爱弥儿》，北京：商务印书馆，1978年。

分析和评估。我园老师遵循“体验在先”的教学原则，将民族文化浸润在幼儿的游戏和日常活动中，让幼儿在多重体验中感知民族文化的内涵。通过学习和体验本民族的传统文化，幼儿能够更深入地了解自己的民族历史、传统习俗和价值观念。这将促进每一位幼儿在情感态度、认知能力、艺术感受以及民族文化熏陶等各方面的发展，为幼儿的终身发展奠定根基。

其次是研教师。我园致力打造一支具备专业素养、充满爱心、有温度、有情怀的幼儿教师队伍。这支队伍不仅对民族文化有着浓厚的兴趣，致力挖掘和传承当地民族文化的独特魅力，并且能在保持民族文化传统的基础上，积极探索民族文化传统与现代教育理念的结合点，创新课程内容与形式，并能将其融入日常教学，为幼儿提供更为丰富、多元的学习体验。他们懂得倾听幼儿的声音，观察幼儿的行为和兴趣，思考幼儿的需求，引导幼儿的发展。他们尊重每个幼儿的个性和想法，注重幼儿的体验和感受，努力为幼儿的学习、游戏、生活、运动提供全方位的支持。

第三是研资源。民族文化为幼儿教育提供了丰富的教育资源，包括民间故事、传统游戏、节日庆典等。它们不仅具有趣味性，而且富有教育意义。同时，民族文化的传承需要家庭、学校（园所）和社会的共同参与。我园积极邀请在当地文旅局、非遗中心工作的家长共同参与课程建构，对本地民族习俗、服饰、饮食文化、歌舞等资源进行详细讲解、分析、整理和梳理。另外，我园老师们还前往各县市少数民族地区采风，进一步了解周边资源，从中筛选出适合用于开展课程的资源。

第四是研环境。环境是幼儿的第三位老师，也是幼儿重要的学习空间。许多民族文化与自然环境密切相关，民族文化中尊重自然、保护生态环境的意识对现代社会的可持续发展具有重要意义。在“合声”文化背景下，我园充分运用幼儿园场地，打造了以“自然、融合、开放”为核心的幼儿园环境。

自然的环境——自然、绿色、环保

一花一世界，一叶一菩提。自然的环境是幼儿最好的启蒙教材。因此，我园在园区里营造了一个春有花、夏有荫、秋有果、冬有绿的生态环境。

在这样的环境中，幼儿可以亲身体验种植、收获和制作的过程，深入了解民族传统习俗和文化。例如，从种植园收获的红蓝草、艾叶等，幼儿可以用来制作糯米饭、鸭把（由鸭肠、鸭肝等制成的特色美食）、艾粑等传统美食。这样的体验不仅培养了幼儿的动手能力，还让他们在亲近自然的同时，深入探索民族文化，培养其探索精神和民族文化素养。

融合、开放的环境——多元、和谐、共享

我园将多元文化与和谐共享的理念融入园所环境，让幼儿在耳濡目染中感受民族文化的魅力。

走进幼儿园，你会被这里浓厚多元的民族文化氛围所吸引。墙面、地面、教室与过道处处可见民族元素的巧妙融入，吉祥物“大合”和“池池”的身影更是随处可见，它们不仅是园所的吉祥物，更是民族文化的象征。幼儿在这样的环境中成长，自然而然地会对地方民族文化产生浓厚的兴趣。

幼儿园吉祥物“大合”和“池池”

同时，老师们在教育教学活动中，也积极将民族文化资源融入其中，园内的走廊、班级环境都呈现出幼儿学习民族文化的痕迹。门厅更是成为

民族文化的展示窗口，19个根据园本课程开展的课程故事巧妙地呈现在楼梯跑道上，幼儿在日常行走中就能感受到民族文化的魅力。

此外，园内还创设了儿童民族博物馆、铜鼓馆、民族技艺馆、歌谣馆等，幼儿可以在不同场馆内欣赏、亲身体验多元的民族文化。

园区环境创设还强调和谐共享的理念。在这里，幼儿可以自由地表达自己的观点，还可以分享对民族文化的认知。这样的教育环境不仅为幼儿提供了丰富的学习资源，更为他们种下了“民族之花”，培养他们对民族文化的认同感和自豪感。

最后是研理念。在“幸福合声，乐教育，活童年”的办园理念指引下，我园逐步形成了“儿童视角、传承、融合、创新”的课程理念，这一理念不仅是全体河池市幼人的思想观念、精神向往和理想追求，也是对民族文化园本课程的价值坚守。

儿童视角

随着国家出台《幼儿园保育教育质量评估指南》以及全国学前教育宣传月提出“倾听儿童，相伴成长”理念，我们更加明确，幼儿是课程的中心。在重塑课程理念时，我园坚持从儿童视角出发，确保幼儿在课程中的主体地位得到充分体现。我们坚信，只有当幼儿站在课程的中央，教育才能真正发挥其作用，促进幼儿的全面发展。

传承

现阶段的非遗传承主要依靠以传承人为主的传习活动和无意识的集体传承。所以，在民族文化园本课程的建设中，老师们注重向传承人学习。通过非遗传承人进校园、山歌进课堂等活动，幼儿能够亲身感受这些传统文化的魅力。同时，我园注重培养老师在民族文化教学方面的专业素养，确保课程内容的正确性和有效性。

融合

在传承传统民族文化的同时，老师们同样注重将其与现代教育理念相

融合。老师们尝试将传统民族文化元素融入现代教学方法和手段，使之既具有传统韵味又不沉闷无趣。例如，在探究“抢粽粑”这个传统活动时，老师们设计出了兼具趣味性和教育意义的游戏活动。这样的融合不仅能让幼儿在游戏中学习传统民族文化知识，还能够激发幼儿的创新思维和创造力。

创新

游戏是幼儿的天性，也是幼儿的权利，它既是生活里重要的一部分，也是幼儿园的一项基本活动。随着教育理念的革新，民族文化课程不再局限于传统授课模式。如何使幼儿更好地领悟和接纳民族文化，成为我园老师们深入思考的问题。为此，老师们积极探索游戏化教学的创新路径，将游戏元素巧妙融入民族文化课程，让幼儿在愉快中求知，在游戏中茁壮成长。

在课程内容设计上，老师们注重趣味性和挑战性，使幼儿能够在游戏中享受学习的乐趣；在教学方法上，老师们鼓励幼儿主动探索、主动思考，幼儿能够在解决问题的过程中体验成功的喜悦。

经过实践检验，游戏化教学在民族文化课程建设中取得了一定成效。它不仅提高了幼儿的学习兴趣，还使幼儿在游戏过程中深入地了解和体验民族文化。在未来的教育实践中，我园将继续探索和完善游戏精神在民族文化课程建设中的应用模式，为培养具有民族文化自信的新一代贡献更多力量。

基于这五个方面的思考，也随着2021年和2023年自治区第一批、第二批幼教集团园的相继成立，我园的课程探索进入了新阶段。我们重新梳理了“合声”课程的顶层设计，并充分发挥示范园的引领辐射作用，通过向集团园推广优秀的教学方法和经验，我园建立起一套“可复制，可推广，可应用，能保障幼儿一日活动质量”的“合声”课程架构图。

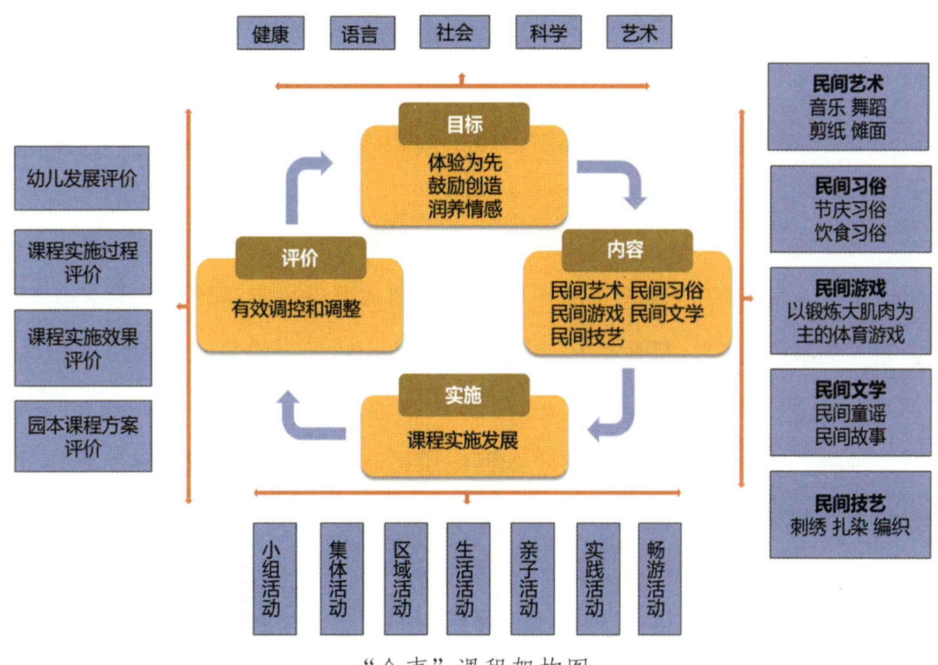

“合声”课程架构图

“合声”课程架构中的课程目标、内容、实施到评价都经过了我园老师的精心研讨和实践论证，以此构建一个既符合现代教育理念，又能满足幼儿个性化发展需求的民族文化课程体系。

在课程目标上，我园以“体验为先，鼓励创造、润养情感”为核心，注重幼儿在健康、语言、社会、科学、艺术五大领域的综合发展，让幼儿在体验中快乐学习，通过游戏化的方式激发幼儿的智力与创造力。老师尊重每一个幼儿的个性，鼓励他们自由表达，同时注重情感教育的渗透，使幼儿在快乐学习的同时，也能感受到人与人之间的温暖与关怀。

在课程内容上，我园注重将民间艺术、民间习俗、民间游戏、民间文学、民间技艺等民族文化元素融入其中。通过对各类民族文化资源的深入分析和合理利用，园本特色课程的内容进一步丰富，更加贴近幼儿的生活和兴趣。

在课程实施上，我园致力探索游戏化的教学方法，针对不同的课程主题，老师可灵活运用小组活动、集体活动、区域活动、生活活动、亲子活动、实践活动、畅游活动等多种活动形式来调整教学方式，以实现课程的多样化，适应幼儿个性化的发展需求。

在课程评价上，我园强调“有效调控和调整”，借助幼儿发展评价、课程实施过程评价、课程实施效果评价和园本课程方案评价，对课程进行全面且细致的评价。课程评价在真实反映幼儿的学习成果的同时，又能为老师提供改进课程的依据，促进课程的不断完善与发展。我园在开展一系列“合声”课程的探索时，关于如何记录师幼互动样态，以及如何清晰呈现课程发展脉络，引发了老师们的深思。

虞永平教授曾深刻指出：“课程在幼儿的生活和行动里。”[1]这句话提醒幼教工作者，课程并非孤立存在，而是与幼儿的生活紧密相连。因此，我园深入挖掘和利用生活资源，从幼儿的视角和兴趣点出发，通过回顾梳理在课程实施中真实发生的有意义的课程事件，形成一个个富有生活气息的课程故事，向大家展示将民族文化融入幼儿园日常教学的实践做法。

本书精选了12个“合声”课程故事：《咚咚哒，打扁担啦》《嘿！打猴鼓啰》《萌娃唱山歌》《这个“蚂拐”有点意思》《我的侬饭巡游，很精彩》《“趣”抢粽吧》《哇，珠珠草龙“飞”起来啦》《骑飞马的人——探寻英雄莫一大王》《“编”玩“编”乐》《解“绑”美食密码》《童“针”童“绣”》《自然而“染”“布”可思“艺”》。这些故事涵盖了民族艺术、民族习俗、民族游戏、民族文学、民族技艺五个板块，融合了认知、表达、探究、运动、审美等多个教育目标及五大学习领域。每一个故事都以幼儿探究为主轴，展现了幼儿在活动中的童言趣语、困惑与喜悦，以及老师的引导与教育智慧。

1　虞永平：《课程在哪里》，中国学前教育研究会学术年会主题报告，2016年。

在课程实践过程中，老师不是教育的“旁观者”，也不是简单的“评论家”，而是实践者、反思者和创新者。老师们追溯自己的教育足迹，检视自己的教育观念，重新体悟教育教学的深层意义，形成了一篇篇教育随笔。

除了12个“合声”课程故事外，本书还收录了12篇教育随笔，记录了老师们在教育过程中的心路历程和思考，以及他们在教育教学中与幼儿共同经历的鲜活教育事件。这些故事真实动人，引人深思。老师们直面自己在教学实践中遇到的问题和挑战，不仅分享成功的喜悦与自豪，也敢于敞开心扉，坦然展示自己的失误与遗憾，并从专业的角度深入剖析这些故事所蕴含的教育意义，从而揭示了教育教学的深刻内涵。

当然，我们也清楚地知道，在幼儿园课程中融入民族文化是一项长期而艰巨的任务。本书旨在通过深入剖析“民族艺术文化资源融入课程的实践”“民族习俗文化资源融入课程的实践”“民族游戏文化资源融入课程的实践”“民族文学文化资源融入课程的实践”“民族技艺文化资源融入课程的实践”案例，探讨其在实际操作中的成效与挑战。其中必有不尽完善之处，盼能借此抛砖引玉，为其他幼儿园在民族文化教育方面提供一些经验与启示，进一步推动民族文化教育在幼儿园的普及与发展，让更多的幼儿能够在成长的道路上，与自己的文化根脉紧密相连，共同书写未来的精彩篇章。同时，我们也真诚欢迎各界读者提出宝贵建议，共同促进民族文化传承与幼儿教育事业的蓬勃发展。

河池市直属机关幼儿园　黄雪萍

目 录

第一章　民族艺术文化资源融入课程的实践

第二章　民族习俗文化资源融入课程的实践

第三章 民族游戏文化资源融入课程的实践

第四章 民族文学文化资源融入课程的实践

第五章 民族技艺文化资源融入课程的实践

第一章

民族艺术文化资源融入课程的实践

嘹亮的山歌、灵动的舞蹈、浑厚的铜鼓声，不仅是河池人民血脉中流淌的基因，更是幼儿探索民族艺术文化奥秘的钥匙。幼儿身着绚丽的民族服装，头戴自制的民族饰品，奏响民族乐器，轻跳猴鼓舞，高歌莲花调，沉浸在民族艺术的海洋中。这样的亲身体验，在幼儿心灵深处播下了对民族艺术文化的认同与自豪的种子。

咚咚哒，打扁担啦

中班 曹慧莹 杨宏 韦莲芳

一、缘起

在“壮族三月三”节日活动的欢乐氛围中，老师们表演的节目《壮族打扁担》节奏鲜明，“咚咚哒、咚哒咚……”的旋律立刻引起了幼儿的浓厚兴趣。

雨泽：老师拿的就是扁担呀，我在老家看到我奶奶拿它来挑水。
洋华：为什么扁担会敲打出那么好听的声音呢？

追随着幼儿的兴趣，我们开启了壮族打扁担探秘之旅。

老师表演节目《壮族打扁担》

二、传承进行时

（一）初识扁担舞

老师：你们知道扁担舞吗?

麒麒：是拿扁担做游戏吗？

月哲：两位小朋友拿着扁担相互敲打。

小米：三月三的时候，我在我妈妈的学校看到过姐姐们打扁担。

小布丁：我在电视上看到过，有好多人一起跳。

老师：扁担舞的内容可真丰富，你们还想知道什么呢?

小土豆：打扁担要怎么敲打呢?

雨泽：扁担舞的扁担需要多长、多宽?

小爱：需要多少人打呢?

带着这些问题，老师们带领幼儿开始了对扁担舞的探究。

为了让幼儿更加深入地了解扁担舞，老师们首先组织了一次“扁担舞大调查”活动。幼儿拿着调查表，开始积极收集资料。

扁担舞调查表

通过这次调查，幼儿了解了扁担舞是壮族的传统舞蹈，初步认识了扁担这个道具和扁担舞的基础打法。

（二）挑战扁担舞

1. 第一次探索——初探扁担舞

扁担的初次亮相，激发了幼儿无尽的好奇，他们跃跃欲试，渴望体验敲打扁担的乐趣。

然而，当幼儿真正拿起扁担敲打时，他们才发现这并不是一件简单的事情。扁担在他们手中好像变重了，他们敲打的动作显得十分笨拙，不像表演的老师们能轻巧地敲打出悦耳的节奏。但幼儿并没有因此气馁，他们开始尝试各种敲打动作，拿扁担敲击板凳、地板，甚至拿扁担互击。虽然起初的尝试都未能成功，但幼儿的热情并没有减退。

老师们观察到幼儿对扁担舞产生了浓厚的兴趣，同时也面临一些挑战。为此，老师们特意准备了一段扁担舞学习视频，助力幼儿更直观地学习扁担舞。

幼儿观看扁担舞视频

在观看视频后，老师和幼儿进行了热烈的讨论。

老师：观看了扁担舞的视频，你们有什么感受呢？

朵朵：我觉得他们好厉害，打得好整齐。

灏灏：这个扁担舞需要两位小朋友一起合作才行。

铠风：他们穿的衣服，好漂亮。

幼儿惊叹于扁担舞的节奏之美，他们注意到扁担舞需要两个人默契配合，才能敲打出和谐的节奏，同时，他们注意到舞者们身上的壮族服饰和手中的扁担、凳子。

此时，幼儿开始思考：扁担舞的打法是怎样的？打扁担需要准备哪些服饰和道具？幼儿针对这两个问题开启了一系列的讨论与探究。

讨论一：扁担舞的打法是怎样的？

曜嘉：我发现"咚"是敲打板凳，"哒"是敲打对面伙伴的扁担。

一博：一直"咚咚咚咚"就是换位置。

他们不仅用语言描述扁担舞的打法，还在纸上用绘画的方式记录了他们的发现和理解。

幼儿绘制的
扁担舞打法

讨论二：打扁担需要准备哪些服饰和道具？

钰集：我看到表演中有人在打鼓。
沐沐：需要准备壮族的衣服。
子越：还需要准备扁担、凳子。

在热烈的讨论之后，幼儿得出了扁担舞的打法和需要准备的材料，随后，他们开始了新的一轮探索。

教师思考

《指南》中明确指出："幼儿的学习是以直接经验为基础，在游戏和日常生活中进行的。"因此，老师从幼儿的直接经验出发，鼓励幼儿先进行自主尝试。在尝试中，幼儿遇到了诸如扁担如何敲打、两位小朋友如何合作等问题。老师引导、支持和鼓励幼儿去记录、讨论、思考和实践，这不但加深了幼儿对扁担舞的理解，也提升了幼儿的探索能力和合作精神。

2. 第二次探索——再探扁担舞

幼儿再次投入打扁担的练习中。他们自由组合进行练习，边敲打扁担，边喊节奏，敲打得十分带劲，十分有趣。

但正如生活中的其他事情，初次尝试总会遇到一些困难。幼儿在敲打扁担的过程中，发现了不少问题，并再次进行了激烈的探讨：

问题一：为什么总是敲打不到对方的扁担？

子嫣：老师，为什么我总是打不到他的扁担，不能像视频里那样呢？
贝贝：视频里的两个人为什么可以一直敲得对呢？
晓雨：两个小朋友要有默契。

心语：是因为你太慢了，所以敲打不到他的扁担。

茜茜：我们可以在扁担上做标记，我们的手握在那里。

为了解答幼儿的疑惑，老师们引导幼儿再次观看扁担舞视频。他们从中找到了答案——视频中的舞者有一个蹲起的动作，两个舞者的扁担位置和节奏能同时保持一致，这样就可避免敲打到对方的手。

问题二：我们打扁担的节奏为什么会乱呢？

佳儿：我们要熟悉“咚咚哒”的节奏。

果然：我们可以用鼓来打节奏，鼓一响，我们就打到地上，鼓不响的时候，我们的扁担也不要发出声音。

佳儿：那我们就赶快去找园长借一个鼓吧！

幼儿都同意用鼓声来统一节奏，于是，他们向园长借鼓。园长不但欣然同意，还耐心地给予指导，让幼儿明白，打鼓的时候，手和脚应该如何正确放置，只有位置摆放正确，打出来的鼓声才好听。

幼儿和园长一起打鼓

经过反复练习，幼儿逐渐掌握了扁担的敲打技巧，相互之间的碰撞也变少了，但仍需多加练习，才能跟上鼓的节奏。

教师思考

经过第二次深入体验扁担舞游戏，幼儿的成长显而易见。无论是敲打不到对方的扁担，还是不熟悉节奏，这些问题都成了幼儿进步的契机。老师选择让幼儿进行自发讨论，积极寻找解决方案，幼儿解决问题的能力也因此得到提升。

3. 花样打扁担

经过一周的练习，幼儿已经可以熟练地跟随着“咚咚哒、咚咚哒”的简单节奏打扁担了。他们提出尝试其他节奏和队形的想法。

欣妍：老师，我们觉得一直这样打很无聊，我们可以换一换队形吗？

老师：你们喜欢什么样的队形呢？我可以帮你们画出来。

子越：我们上次看老师们表演时，队伍围成过圆形。

朵朵：排成直线，就像我们在体育课排队一样，这个队形我们班已经很熟悉了。

小艾：还可以排成长方形，前面三个小组，中间三个小组，后面三个小组，像我们在教室分组坐的位置那样。

老师们帮助幼儿梳理出三种不同的队形，并带领他们逐一进行尝试。

队形一：圆圈队形

幼儿首先尝试排出圆圈队形，他们迅速地用矮凳围成一个圆圈，然后在圆圈中打扁担。

然而，在实践过程中，他们发现站位难以把控，导致圆圈看起来不整齐，经过多次的尝试仍是如此。尽管如此，幼儿并没有气馁。他们想

到了在自己的站位点上贴标记的方法，经过多次的练习，圆圈变得越来越完美。

圆圈队形

队形二：直线队形

接下来是直线队形，幼儿迅速地将凳子排列成一条直线，整齐统一地挥舞着扁担，仿佛一条舞动的长龙。

小雨：这个队形需要我们把凳子排成一条直线。

艾米：把椅子一个挨一个拼起来后，队伍很快就变直了。

曈曈：长长的，像一条龙。

直线队形

队形三：长方形队形

经过前面的练习，幼儿已经积累了丰富的排列队形经验。在最后的长方形队形练习中，他们凭借之前的经验和相互间的默契，很快就掌握了长方形队形的排列技巧。

长方形队形

随着对扁担舞探究的深入，幼儿对其他的节奏也产生了浓厚兴趣。

子辰：我已经可以闭着眼睛把“咚咚哒、咚咚哒”的节奏给打出来了！

月哲：我们可不可以增加新的节奏呢？

心妍：让我们一起来试一试吧。

幼儿收集了很多不同的新节奏，老师和幼儿一起从中挑选出符合幼儿能力发展的节奏，并开始集中的学习。根据不同的节奏，幼儿还尝试创作新的扁担舞，这种探索与创新的氛围，使扁担舞的练习变得更加生动有趣。

幼儿学习新节奏

教师思考

扁担舞的难点在于统一节奏，这极富挑战性。幼儿打扁担时，不仅要时刻关注鼓点的节奏，还要及时调整自己的节奏，这也促使幼儿的专注性和持久性得到锻炼。同时，幼儿尝试运用新的节奏打扁担，虽然变换节奏具有一定难度，但幼儿的兴趣强，愿意去主动尝试。所以，老师也给予了支持和鼓励。

（三）表演扁担舞

1. 表演准备

在扁担舞展演的前一周，幼儿围绕“扁担舞表演需要有哪些准备”展开了热烈的讨论。

恺恺：我们需要表演的衣服。

希希：需要队形，需要排练。

朵朵：是的，我们需要好好练习，更加整齐。

洋华：需要把我们的扁担装饰得漂漂亮亮的。

依依：我想邀请爸爸、妈妈、老师还有同学来看我们表演。

讨论结束后，幼儿开始忙碌起来。首先，他们用彩色纸张，通过绘画和拼贴的方式制作了邀请函，并以此来邀请大家观看他们的精彩表演。

幼儿设计的邀请函

幼儿邀请老师观看表演

接着，幼儿开始讨论和选择表演时穿的服饰，他们试穿了几套意向服装后，最终确定了蓝色的民族服装。这套衣服的裙摆上有很多铃铛，转动的时候会响起悦耳的铃铛声，这和扁担舞的音乐声相得益彰。

幼儿试穿表演服装

2. 表演现场

终于迎来了表演的日子，幼儿穿着精心挑选的服饰，登上了“三月三”的表演舞台。随着音乐声响起，他们欢快地跳跃着，手中的扁担随着音乐节奏敲打着，他们的表演得到了观众热烈的鼓掌欢呼。

幼儿表演扁担舞现场

3. 表演回顾

表演结束后，老师组织了一次回顾活动，让幼儿通过绘画来描绘他们内心的感受与收获。

他们有的画了在舞台上的风采，有的画了与伙伴们共同努力练习的场景。他们纷纷表示，这次表演让他们更加自信、更加团结。他们也意

识到，在准备过程中付出的努力和汗水都是值得的，因为他们的表演得到了很多人的认可和赞赏。

幼儿通过绘画回顾表演

教师思考

《指南》中提出“艺术是人类感受美、表现美和创造美的重要形式”。因此，老师应创造条件和机会，让幼儿接触适宜的、形式多样的音乐和活动。

三、课程价值

（一）激发主观能动性和学习热情

幼儿感兴趣的事物、材料、现象、民俗等都是重要的课程资源，老师需要充分关注幼儿的兴趣爱好，将其作为课程生长点，引导他们探索、发现、学习。

扁担舞这一传统民间舞蹈，具有独特的民族文化底蕴和深远的教育价值，人、声、扁担三者有机融合，极具趣味性和挑战性。当幼儿对打扁担萌生好奇时，老师捕捉到了这一教育契机，追随幼儿兴趣，分析教育价值，梳理课程脉络，引导幼儿逐步深入探索。

当幼儿遇到打不到对方的扁担、节奏单一等问题时，老师通过倾听与观察，与幼儿一起分析问题的原因，讨论解决的对策，提供适宜的支持，让幼儿可以充分地发挥主观能动性，全程积极地参与扁担舞的学习，以此助推幼儿的深度学习。

（二）培养音乐感受力和节奏感

通过欣赏和练习扁担舞，幼儿充分地感受到节奏带来的趣味和音乐的美。他们收集了不同的节奏，并尝试把不同的节奏融入舞蹈。这增强了幼儿对音色、强弱、快慢的感受力。同时，扁担舞的节奏多样性和变化性也有助于培养幼儿的节奏感和音乐表现力。

（三）促进身体发展和协调性

扁担舞不仅要求幼儿全身心地投入，还需要他们充分调动手臂、腰部和腿部等身体各部位协同工作。通过不断地练习，幼儿不仅能够熟练掌握扁担舞的技巧，在这一过程中，幼儿的身体协调性和灵活性也得到了锻炼和提高。

（四）增强合作意识和团队协作能力

扁担舞是一种需要多人合作的舞蹈，幼儿在游戏中需要相互配合，共同完成舞蹈动作。练习队形不仅提高了他们的团队合作能力和空间感知能力，还增强了他们的纪律性和规则意识。

（五）增强自信心和成就感

在扁担舞展演之时，幼儿在大舞台上展示自己的学习成果。在表演结束后，老师还组织了回顾活动，让幼儿与同伴们分享体验和感受。这样的活动不仅促进了幼儿间的交流与互动，还极大地增强了他们的自信心和成就感。

我们来打扁担啰

韦莲芳

“壮族打扁担”这一独特的民间艺术形式，是壮族先民在劳动过程中创造出来的民间舞蹈，流传至今。在河池市都安瑶族自治县的安阳、澄江、高岭、地苏、保安、大兴等乡镇依然可见其活跃的身影。其优美的旋律、独特的节奏和富含哲理的歌词，使得这一艺术形式广受喜爱和传承。

为了使幼儿对民族文化有更深入的了解，我决定将壮族打扁担融入日常教育活动。在准备和进行这一活动的过程中，我遇到了不少挑战，但也收获了许多有趣的瞬间。

活动伊始，幼儿对如何打出好听的声音、如何配合打出一致的节奏、如何排好队形等问题充满了好奇与疑惑。这些看似简单的问题，实际上蕴含着深厚的民族文化内涵和艺术技巧。

为解答幼儿的疑惑，使其对壮族打扁担有循序渐进的了解，我先向幼儿介绍了壮族悠久的历史和丰富的民族文化。通过课件展示，幼儿看到了广西的水稻、甘蔗、棉花、壮锦、铜鼓等，他们对这些并不陌生，但当看到打扁担的画面时，幼儿表现出了浓厚的兴趣。

幼儿纷纷表达自己的想法，可竹说扁担可以用来挑东西，月哲说他曾在电视上看过扁担舞，子辰则表示很想学打扁担，心妍则认为扁担打起来的声音很好听。这些真实的反馈让我看到了幼儿对壮族打扁担的热爱与好奇。

为了帮助幼儿更好地掌握打扁担的节奏，首先，我引导他们跟随音乐鼓点拍手，以此寻找节奏；接着，利用节奏图谱辅助教学，加深幼儿对鼓点节奏的理解和熟悉。

待幼儿对节奏有了一定的了解后，我播放了一段节奏感强烈的《打扁担》音乐，让幼儿在音乐中进一步感受打扁担的节奏特点。

X O | X O | X X O |
咚 哒，咚 哒，咚咚哒
X O | X O | X X O |
咚 哒，咚 哒，咚咚哒

幼儿听着音乐，情不自禁地开始跟随节奏拍手、拍桌子，展现出无尽的活力和好奇心。音乐结束后，我询问幼儿对这段音乐的感受，他们积极举手，争相分享自己的感受。

有的幼儿表示，这首歌的节奏明快，让他感到充满力量；有的则表示，听到这首歌，他仿佛看到了壮族人民在田间劳作的生动场景；还有的幼儿兴奋地表示，他想随着音乐跳舞。

幼儿的兴致越发高涨，于是，我播放了事先准备好的《打扁担》视频，让他们直观地感受这一民间艺术的韵律与风采。

视频播放结束，我向幼儿介绍说："大家看到了吗？这是一群壮族孩子在打扁担。打扁担不仅仅是一种娱乐方式，更是壮族人民传统文化的一部分，它蕴含着壮族人民对美好生活的追求和向往。"

幼儿观看完视频后，纷纷表示想要亲自尝试这一有趣的活动。为了满足他们的好奇心和求知欲，我特地准备了一些小扁担。

当《打扁担》音乐响起时，幼儿迫不及待地拿起扁担，开始尝试打扁担。刚开始，他们的动作有些笨拙，扁担不时从手中滑落，但他们并没有气馁，而是相互鼓励，不断尝试。

我耐心地指导幼儿如何正确地拿扁担，并引导他们感受音乐的节奏。渐渐地，幼儿找到了感觉，动作越来越协调，扁担在他们的手中也变得

越来越稳。

书伊兴奋地分享道："老师，我知道了，要把一只手放在扁担中间，另一只手放在下面，这样扁担才不会掉下来。"萍萍也补充道："拿扁担时要双手抓紧，这样打起来才有力气。"

然而，打扁担并非易事。幼儿拿稳扁担后，在尝试跟上音乐节奏时又遇到了新的困难，很多人都打不准节奏，不是打快了，就是打慢了，很多幼儿都失去了信心，停止了练习。

这时，我鼓励他们："做每件事情都不容易。老师希望大家坚持一下，我们先想想怎样才能跟得上节奏。只要找到正确的方法，多多练习，我们也会像视频里的小朋友一样打得很好。回家后，你们也可以和爸爸妈妈一起练习打扁担。"这样的鼓励不仅激发了幼儿持续练习的热情，更让打扁担活动成为家园共育的桥梁，加深家长与幼儿的亲子互动。

第二天，我引导幼儿思考并分享打扁担的节奏练习技巧。小米建议放慢节奏练习，再逐渐提高速度；沐卿分享了妈妈教他的拍手练习法；司妍则兴奋地告诉我，昨晚妈妈用铃鼓帮助她练习节奏，效果非常好。

在幼儿纷纷发言后，我让他们按自己说的方法练习打扁担，我在一旁指导他们复习节奏鼓点。经过多次尝试和调整，越来越多的幼儿成功掌握了节奏。

第三天，为了进一步激发幼儿的创造力，我提问道："除了昨天的玩法外，扁担还可以怎么玩呢？"琪琪立刻提出用扁担托小塑料球的创意玩法，说完，她轻松地用竹竿托起一个小球，成功展示给大家看。其他幼儿见状也纷纷尝试，也都轻松地完成了这个动作。他们专注地看着小球在竹竿上跳动，忍不住欢呼起来。他们的眼中闪着兴奋的光芒，满脸洋溢着自豪的笑容。

随后，幼儿还自发组织了运粽子比赛，用小扁担将粽子运送到指定地点。比赛结束后，幼儿还围坐在一起，互相分享了自己的体验和感受。在打扁担的探究中，幼儿展现了出色的团队合作和协调能力，也深刻体验了壮族文化的独特魅力。

在反思这次活动时，我也意识到了一些需要改进的地方，例如：我应该提前准备一些打击乐道具，以满足更多幼儿的参与需求；我可以邀请家长参与幼儿的打扁担表演，这样不仅能增强亲子关系，还能让家长更加关注和支持幼儿的民族文化教育；我还可以引入相关的教育资源，如绘本、视频等，让幼儿更加直观地了解民族文化。通过不断反思和改进，我相信我们能够为幼儿提供更加丰富多彩的民族文化教育活动。这些活动不仅能够让幼儿更深入地了解传统文化的意义和价值，还能促进他们的全面发展，培养他们的文化素养和综合能力。在未来的教育工作中，我将继续探索和实践更多有效的教育策略，为幼儿的民族文化教育提供更有力的支持。

课程故事 2

嘿！打猴鼓啰

大班　覃艳华　杨茉茉　陈金秀

一、缘起

随着“呜！呜!”的牛角号声响起，阵阵铜鼓声咚咚作响，河池南丹的白裤瑶族又迎来了一年一度赶年街的日子。

年街节当天，热闹非凡。百面铜鼓齐奏，牛角号声声嘹亮，人们欢快地跳着猴鼓舞，此外，还有千套精美的服饰展示，人们身着盛装，展示着各自的风采。美食摊位上香气四溢，各种美食让人垂涎欲滴。夜幕降临，篝火晚会更是将节日气氛推向高潮，人们围着篝火载歌载舞，共同庆祝这个盛大的节日。

在庆祝活动中，独特的民族服饰和猴鼓舞引起了幼儿的兴趣。他们好奇地询问：“这些服饰是怎么做出来的呢？”“铜鼓重吗？我也想敲一敲。”“猴鼓舞好特别呀，我只见过芭蕾舞。”

为了满足幼儿对本地民族文化的探索欲，感受白裤瑶神秘铜鼓艺术的魅力，老师们顺应大班幼儿对猴鼓舞的探究兴趣，开启了白裤瑶“勤泽格拉”猴鼓舞的探秘之旅。

二、传承进行时

（一）寻铜鼓——瑶寨之行

1. 瑶寨寻鼓

周末，幼儿在家长的陪伴下，带着好奇心，一起来到白裤瑶寨，亲身感受这个神秘部落的文化魅力。

在瑶寨之旅的第一站，幼儿被一面巨大的铜鼓深深吸引。他们围着铜鼓，充满好奇地探索着它的奥秘。

梓萌：这是什么鼓，能敲吗？
麟龙：我摸摸看，硬硬的。
宇琪：这个鼓好大，上面有很多花纹，鼓中间的图案像太阳一样。

白裤瑶大铜鼓

通过瑶寨叔叔的讲解，幼儿了解到这是一面铜鼓，是由铜块熔化后铸造而成，所以才能发出这么好听的声音。

此外，幼儿还参观了白裤瑶生态博物馆，观看了精彩的“勤泽格拉”猴鼓舞表演。

幼儿参观白裤瑶生态博物馆

白裤瑶“勤泽格拉”猴鼓舞

邦妮：哇！大铜鼓响起来了，声音好好听。

子宸：哇，他们跳的猴鼓舞太好看了！

2. 幼儿的发现

经过周末的瑶寨之旅，在家长的协助下，幼儿完成了探秘“勤泽格拉”猴鼓舞的调查表。在周一的晨会上，他们迫不及待地与同伴们分享他们的发现：

（1）铜鼓是白裤瑶寨的宝物，每家每户都有铜鼓，他们把铜鼓当成自家的宝贝。

（2）白裤瑶居住的房子是泥瓦房，他们储存粮食的房子叫作“尖顶圆禾仓”。

（3）白裤瑶男生和女生跳舞时穿的服装是不同的，白裤瑶男装的裤子上有五指印图案，女装上绣有瑶王印图案，穿的百褶裙是用粘膏树汁染成的。

（4）“勤泽格拉”是白裤瑶的语言，是“打老猴”的意思。“勤泽格拉”猴鼓舞是他们模仿猴子的生活习性，经过长期演变而形成的，又因为常以铜鼓来作伴奏，所以又叫“铜鼓舞”。

幼儿和爸爸妈妈的发现

（二）初识猴鼓舞

1. 跳舞计划

晨会分享结束后，幼儿对跳猴鼓舞产生了浓厚的兴趣，纷纷觉得这将是一个非常有趣的活动。他们兴奋地开始讨论如何筹备这场猴鼓舞表演。

“我们该怎么分配跳舞的角色呢？”一名幼儿提出了问题。“还有，我们应该如何制订计划呢？”另一名幼儿补充道。

于是，幼儿自发地聚在一起，讨论各自的角色分配。经过一番讨论，他们确定了各自的角色，并用绘画的方式制订了详细的跳猴鼓舞计划。

瑞阳：我想扮演打领舞鼓的，戴着猴子面具来打鼓。

婉晨：我和好朋友一起跳舞。

雨轩：我想扮演吹牛角号的。

幼儿绘制的跳猴鼓舞的计划

2. 跳舞尝试

做完计划后，幼儿开启了对猴鼓舞的舞蹈行动探究，过程中遇到了不少问题。

问题一：猴鼓舞的鼓点节奏怎么打？

刚开始，秀谦和恩琦拿着区角里的小鼓尝试打节奏，他们“咚咚咚”地敲了起来，一边敲一边大笑，不顾速度的快慢，越敲越起劲，声音越来越大。

家仁：太吵了，太吵了！敲鼓的声音不好听。

凯凯：我发现你们的节奏不对。

恩琦：我们的节奏不够整齐，你打得太快了。

凯凯：你们跟着我的节奏来打。“咚咚、哒哒，咚咚、哒哒。”

幼儿尝试打鼓

通过尝试敲小鼓，幼儿发现，敲打节奏需要大家节奏统一才好听。掌握方法后，由一名幼儿数节拍，最终鼓点节奏整齐协调，大家获得了成就感。

问题二：舞蹈还可以增加哪些乐器呢？

幼儿在区角敲了几天鼓后，兴趣慢慢减弱，纷纷提出想尝试其他乐器。

城潇：我不想敲鼓了，我想敲点别的。
思睿：我记得白裤瑶人民跳舞的时候是有很多乐器的。
雨轩：覃老师，还有别的乐器吗？

幼儿寻找跳舞时的乐器

老师引导幼儿："可以在幼儿园里找一找合适的乐器。"他们很快在幼儿园功能室里找到了老师们的自制玩教具：白裤瑶的领舞鼓、挂鼓和牛角号。

问题三：新乐器怎么敲打才好听呢？

幼儿拿到新乐器后，在区域游戏时，他们兴奋地探索新乐器的玩法，探究这几种乐器要如何配合敲打才能好听。在尝试的过程中，幼儿不时地交流自己遇到的问题，大家一起动脑筋，提出解决问题的办法。

城潇：太好啦！有挂鼓，我们就不需要用手拿着鼓了。

雨轩：这个挂鼓怎么敲呢？我们的手不够长，敲不了两边。

城潇：我们试试一人一根敲鼓棒，我敲前面，你敲后面。

区域活动结束后，在进行游戏回顾时，老师提问："这些乐器大家会玩了吗？"

雨轩：我和城潇打了挂鼓，他在前面打得很快，我跟不上。

恩琦：牛角号太难吹了，只有思睿吹出了声音。

思睿：木桶的声音有点小，并且一直举着会很累。

老师：你们有什么好办法解决这些问题吗？

钰萌：我观察了，应该数节拍来打鼓，城潇敲的时候喊一声，雨轩就在城潇敲完之后再敲，一人一下。

老师：那这些乐器要怎么配合呢？

恩琦：我的牛角号要放在前面吹，我吹完，其他人再开始。

思睿：我们敲一阵木桶后，要休息一阵。我们可以跟着鼓的节奏，鼓敲完后，我们再敲。

老师：那大家再试试看，听一听这样打出来的声音是什么样的。

在白裤瑶猴鼓舞活动中，最大的难点就是掌握打鼓的鼓点节奏和协同配合。幼儿在面对问题时，会仔细观察，深入思考，与同伴积极沟通和合作。经过多次尝试，他们最终找到了解决问题的办法。这样的活动不仅使幼儿体会到与同伴共同学习的乐趣，还教会他们如何与同伴协同配合。

教师思考

在提出解决问题的方案后，幼儿会立刻进行验证，这个过程有助于培养幼儿良好的学习品质，使幼儿在具体活动中体会学习的乐趣。

（三）探秘猴鼓舞

为了使幼儿对猴鼓舞有更深入的了解，覃老师精心准备了丰富的课件和生动的视频资料，带领幼儿深入了解猴鼓舞的起源、悠久的历史、独特的服饰与道具，以及丰富多样的舞蹈动作。

老师介绍猴鼓舞

“真正的猴鼓舞应该怎么跳呢？”带着这个问题，老师们特地请教了在河池非遗文化中心工作的沛元妈妈和思佳妈妈。她们不仅详细讲解了猴鼓舞的精髓，还亲自示范了“勤泽格拉”猴鼓舞的舞蹈动作，使幼儿对猴鼓舞有了更直观的认识。

幼儿学习打领舞鼓　　幼儿试戴猴头面具

在学习的过程中，幼儿热情高涨，纷纷模仿两位妈妈的舞姿，玩得很开心。然而，由于妈妈们的动作迅速而流畅，幼儿在协调手脚配合方面遇到了一些困难。

幼儿学跳猴鼓舞

活动结束后，幼儿围坐在一起进行总结。婉晨苦恼地说："我敲鼓棒时，脚总不听指挥，跟不上节奏。"瑞阳马上分享了他的小窍门，边说边演示："看我这样，敲一下鼓棒，抬一下脚，力气一直在左脚这里。"

听完幼儿的讨论后，老师意识到，这个舞蹈要求舞者不仅要敲打、抬脚，还需要一边跳一边转圈圈，特别是敲领舞鼓的男孩，需要敲鼓后再去敲打地板，还要围着鼓转圈，边敲鼓棒边抬脚。这个舞蹈细碎的动作太多了，对幼儿来说有难度。

为了帮助幼儿更好地掌握动作要领，老师决定放缓教学节奏。第二天，老师再次播放了“勤泽格拉”猴鼓舞的视频，使幼儿有更多时间去熟悉每一个动作。经过仔细观察，幼儿重点练习了敲棒、敲地板、转圈的动作。

敲棒的动作

敲地板的动作

转圈的动作

教师思考

作为幼教工作者，老师们深知社会资源的宝贵价值。老师们善用家长资源，将非遗工作者请进班级，为幼儿提供更丰富的学习体验，使他们能够近距离地接触并深入了解民族非遗文化。

（四）“勤泽格拉”猴鼓舞跳起来

1. 自制猴鼓舞服饰

在探究猴鼓舞的过程中，幼儿提出自制白裤瑶服饰的想法。在探究了猴鼓舞的乐器和舞蹈动作之后，幼儿对舞蹈的服装也展开了讨论。

梓萌：我觉得女孩子的裙子要准备长一些，才可以折叠多次，做成白裤瑶的百褶裙。

凯凯：在男孩子的白裤子上，要画上五指印的图案。

君芙：那我们用什么材料做呢？

茜茜：我感觉有些难，我可以让妈妈跟我一起做吗？

为了满足幼儿的这一愿望，老师在班级区角里创设了“瑶娃娃服饰坊”，幼儿可以在这里自主探究，体验动手操作的快乐。

在“瑶娃娃服饰坊”里，幼儿充分发挥自己的巧思和创造力。他们巧妙地利用长长的塑料袋制作了百褶裙，同时仔细观察了白裤瑶服饰的图案，并在废旧的白色米袋上尝试绘制出瑶王印图案和百褶裙的图案。

幼儿用米袋自制服装

百褶裙需要长长的塑料袋来做

幼儿的制作兴趣意犹未尽，回家后继续跟父母一起制作了白裤瑶服饰。

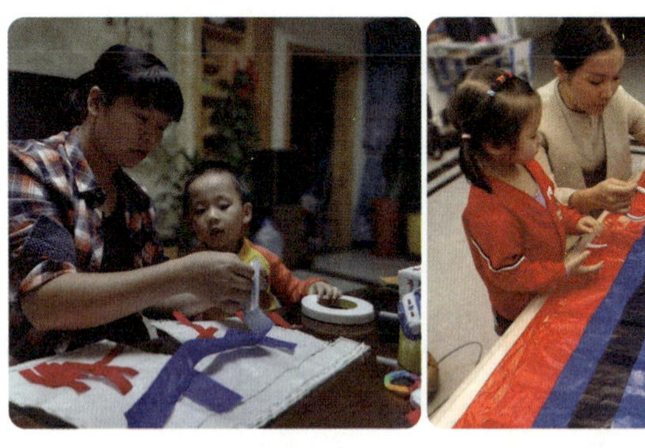

幼儿在家制作白裤瑶服饰

2. 练习猴鼓舞

舞蹈服装准备好了，幼儿已按捺不住想展示的心情。于是，老师组织幼儿在班上练习猴鼓舞。

老师播放了猴鼓舞的音乐。幼儿开始尽情敲打铜鼓，其中，瑞阳敲出的鼓点声特别好听，吸引了大家的目光。

幼儿演奏猴鼓舞乐器

吹白裤瑶牛角号，是其中的重头戏之一。幼儿在练习吹牛角号时，那“呜呜呜”的声音，洪亮浑厚，像是在告诉人们，美好的生活已经开始。

幼儿吹牛角号

幼儿身穿亲手制作的服饰，仿佛化身为白裤瑶的孩子，在节日里尽情欢快地舞蹈。

幼儿穿着自制的服装跳舞

此外，班级的区角创设了“白裤瑶风情园”，幼儿可以在区角里自主体验猴鼓舞表演的乐趣。

幼儿在白裤瑶风情园进行区域游戏

幼儿演奏猴鼓舞乐器的视频

幼儿跳创意猴鼓舞的视频

教师思考

通过了解白裤瑶服饰的纹样与工艺并亲手制作服饰，幼儿的观察力和想象力得到了提升，审美力和创造力也得到了培养。

（五）巡演猴鼓舞

“勤泽格拉”猴鼓舞变成了本班幼儿喜欢的一项艺术活动，幼儿的兴趣高涨。他们不仅热衷于学习和练习，更是将白裤瑶铜鼓乐器带到了各类舞台，开启了一场场精彩的表演。

幼儿将铜鼓乐器搬到户外，在蓝天白云下，在绿树成荫的环境中，尽情地演奏，猴鼓舞的节奏与大自然的韵律交织成一幅动人的画面。

幼儿在户外表演

幼儿还将舞台搬到了幼儿园的非遗馆，这一次，他们将演奏与舞蹈融为一体，呈现在同一个舞台上。这一创新性的尝试使整个表演愈发完整了。

在我园举办的“三月三”庆祝活动中，本班幼儿获得了上台表演猴鼓舞的宝贵机会，他们开心地向全园的小朋友和家长们展示了这一独特的非遗舞蹈。

“三月三”庆祝活动上的猴鼓舞表演

表演视频

经过多次表演，幼儿不仅锻炼了舞台表现力，而且加深了对猴鼓舞这一民族艺术的理解和热爱。他们相信，通过自己的努力和表演，会让更多的人了解并喜欢猴鼓舞。

三、课程价值

（一）践行非遗文化入校园，生成生活化园本课程

《指南》强调："幼儿的学习是以直接经验为基础，在游戏和日常生活中进行的。"基于幼儿视角，老师引导幼儿探秘白裤瑶的非遗文化，通过"瑶寨寻鼓""'勤泽格拉'猴鼓舞跳起来"等层层递进的探究活动，不断激发幼儿对社会文化生活中美的体验和感受。在亲身制作白裤瑶服装的活动中，幼儿用自己的方式表达对民族非遗文化的想象和情感。这一过程不仅展示了河池地区的民族特色，而且紧密结合了幼儿的生活经验，生成了生活化和民族特色化的园本课程。

我园将持续以地域民族非遗文化资源为载体，融民族非遗文化于幼儿园园本课程，对其文化内涵及价值进行挖掘与利用，在幼儿园主题活动、特色游戏以及一日活动等方面进行实践探索，构建出具有地域民族文化特色的园本课程活动，为民族文化传承带来新契机，也为幼儿的全面发展奠定坚实的基础。

（二）探秘白裤瑶文化，学知行悟联动促发展

在整个活动过程中，通过动手操作、亲身体验、实践探究、自主表演，幼儿从接触白裤瑶的猴鼓舞文化，到了解非遗文化，再到真正爱上非遗文化。这一过程促使幼儿在学中知、知中行、行中悟、悟中从，将外在的体验内化为经验的习得，幼儿对白裤瑶的民族艺术活动有了更深入的了解。将具有教育价值的白裤瑶文化融入幼儿园艺术教育课程，激

发了幼儿对本地传统民族艺术文化的学习兴趣及热爱家乡的美好情感。

（三）家园携手，共育文化传承新苗

遵循《指南》的理念，老师们深知家长是幼儿园教育不可或缺的合作伙伴。基于尊重、平等和合作的原则，老师们积极争取家长的理解、支持和主动参与，形成教育合力。因此，在课程实施过程中，老师经常邀请家长参与其中。

在这次探究中，我园依托当地民族非遗文化，充分利用家长资源，老师与家长及社区聚焦幼儿发展，多方联动，共同作为幼儿学习的合作者、支持者、引导者，相互协作、优势互补。这种家园携手的教育模式，为河池地区民族文化的传承注入了新的活力。

牵一只蜗牛去散步

陈金秀

在岁月无声的轮回中，我已在幼儿教育的田野上耕耘了二十三个春秋。回望这段时光，点点滴滴铭记在心，每一步都承载着无数的故事和感悟。

我的教育之旅始于东兰县幼儿园。在这里，我见证了幼儿园从市级示范园走到自治区级示范园的历程。2020年，我迎来了教育生涯的新篇章——加入河池市直属机关幼儿园。这里对食育课程、民族文化课程的重视，让我看到了教育的新天地。

作为在农村长大的孩子，我对河池地区的民族文化有着深厚的情感。小时候，在蚂拐节、三月三、重阳节等重大节日时，村子里都会响起老人们的山歌声和悠扬的铜鼓声，这是童年很美好的回忆。

在这里，我开始思考如何让非遗从沉睡中醒来，让民族文化传承的火种在幼儿的心中点燃。也许，我们不能立刻让他们理解传承的意义，但可以在他们幼小的心灵中播下一粒种子，成为他们文化传承路上的引路人。

记得上一届有一个要强的小女孩，钰妍。从小班入园开始，每次排队她都要争取当排头，上课积极举手回答问题。她的这种强烈的求胜心和表现欲让我看到了她内心的坚韧和不服输的精神。然而，她动手能力并不强，当遇到解决不了的困难或者回答不出的问题时，她会感到很委屈，会回家跟妈妈哭诉。

这个要强的小女孩遇到了烦恼的事情。在一次选人跳瑶族舞的活动中，钰妍因为跟不上节奏而落选。我看到她坐在位子上不说话，嘴巴翘得老高，眼睛鼓得好圆，眼泪在眼眶里打转。

我已经看出她的心思，理解她渴望被选上的心情，心里很纠结要不要选她一起跳舞，但最终我选择来到她身边，摸摸她的头，安慰她说："钰妍，老师知道你很伤心，但这次舞蹈是要参加比赛的，时间很紧迫，下次有机会钰妍再跳，好吗？"孩子的眼泪一下子就"啪嗒啪嗒"地流下来了，她闭着眼睛说："好。"

晚上，我接到了钰妍妈妈的电话。孩子回家后哭个不停，妈妈表示她愿意在家陪钰妍多练习，如果钰妍能跟上大家的节奏，希望我能考虑让钰妍参加比赛，做替补也可以。我答应了。于是，钰妍开始了她的"加班"练习。

这段瑶族舞是按照鼓点节奏来跳的，节奏是 X XX/X X/，看似不难，但要做到踩准节奏、脚步蹬地铿锵有力，需要时间和坚持。每天晚上，我都会收到钰妍妈妈发来的视频。视频里，钰妍认真地练习舞蹈，虽然疲惫，但从未放弃。

经过一段时间的努力，钰妍终于跟上了节奏。当她再次跳起瑶族舞时，脸上洋溢着自信和快乐的笑容。那一刻，我明白了，每个幼儿都有自己的节奏和步伐，我们不能急于求成，而是需要耐心地陪伴他们成长。

幼儿表演瑶族舞

经过这件事，我反思了许久。班上幼儿多，每个人都是独一无二的个体，各具特色。然而，在繁忙的教学与日常琐事中，老师往往因忙碌而疏忽了幼儿内心的细微变化，甚至在不经意间催促他们，未给予他们应有的关怀。但作为老师必须记住，每个幼儿都渴望理解、关心与支持。

钰妍的舞感不好，但是她渴望学习，如果没有家长的介入，她自己又不敢说，可能就错过了一次成长的机会。钰妍的事情让我想起张文亮散文中的那句："上帝给我一个任务，叫我牵一只蜗牛去散步。"[1]

每个幼儿都有自己的成长节奏。蜗牛虽慢，但每一步都在努力向前。现在幼儿教育一直强调要观察儿童、做记录，道理就在这里。我在想，像钰妍这样的幼儿还有很多很多，老师必须读懂幼儿，幼儿才能感受到幸福和温暖，才能拥有家的感觉，才会愿意与老师亲近。

十年树木，百年树人。真正的教育不是立竿见影的，而是一段春风化细雨，润物细无声的过程。在这个过程中，幼儿也会用他们的方式治愈老师，一句"老师，我爱你"，一个分享的艾粑，一个思念的眼神……都是他们对老师深深的爱意。

感谢我遇到的每一个幼儿，他们是我教育生涯里最美的风景。回头看，轻舟已过万重山；向前看，前路漫漫亦灿灿。让我们牵起那只蜗牛，慢慢地去散步吧！沿途的花会盛开，光会照亮走过的每一个脚印。

---

1 张文亮：《牵一只蜗牛去散步》，北京：中国工人出版社，2010年。

萌娃唱山歌

大班 林方彬 黄玲玲 韦霓

一、缘起

每年的农历三月初三都是一个特殊的日子，这一天，壮族的同胞们会举行盛大的“三月三”庆祝活动。

随着这个重要节日的临近，我园策划开展了“花儿朵朵沐党恩，非遗文化同传承”系列主题活动。活动当天，我园邀请了许多非遗传承人到幼儿园和幼儿一起欢度节日，他们带来了各自独特的技艺和表演，让幼儿大开眼界。其中，一群吟唱着独特歌曲的“奶奶团”特别引人注目。

幼儿与莲花调表演者合影

经过进一步了解，老师们得知“奶奶团”唱的是凤山莲花调，是自

治区级非物质文化遗产，传递着深厚的民族文化。

幼儿被“奶奶团”的歌声深深吸引，纷纷围观欣赏，有的还跟着轻轻哼唱。这激发了老师们将“莲花调”转化为课程的灵感，“萌娃唱山歌”课程应运而生。

二、传承进行时

（一）兴趣浓厚的幼儿与内心迷茫的老师

1. 幼儿：初听莲花调，兴趣浓厚

雅澜：奶奶们哼唱的是什么呀？我怎么没听过，好好听啊。

琪琪：她们唱的是山歌吧，我在老家听外婆唱过。

小羽：我听到这首山歌里有好多个“莲花乐”呀。

睿睿：我也会唱“那个哩莲花莲花乐……”

2. 老师：内心有点迷茫

观察到幼儿经常哼唱莲花调的旋律，老师们意识到幼儿对这首歌产生了浓厚的兴趣。

然而，老师们心中却有些迷茫：老师应该如何更好地引导这群充满热情的孩子呢？除了教授幼儿学唱这首歌，老师还能为他们做些什么？更重要的是，如何将这种独特的山歌调传承下去，让更多的人了解并喜爱它？

面对这些疑问，老师们深入挖掘莲花调背后的故事和文化内涵，计划让幼儿不仅学会唱歌，还能理解其背后的文化意义。老师们将鼓励幼儿发挥创造力，尝试改编歌词或曲调，促使他们在创新中感受音乐的魅力。此外，老师们还将组织各种形式的表演和展示活动，使幼儿有机会在舞台上大胆展现自己。

在此基础上，老师们认真地分析教材，并结合幼儿当前的兴趣需要，绘制了符合大班幼儿发展能力的课程网络图。

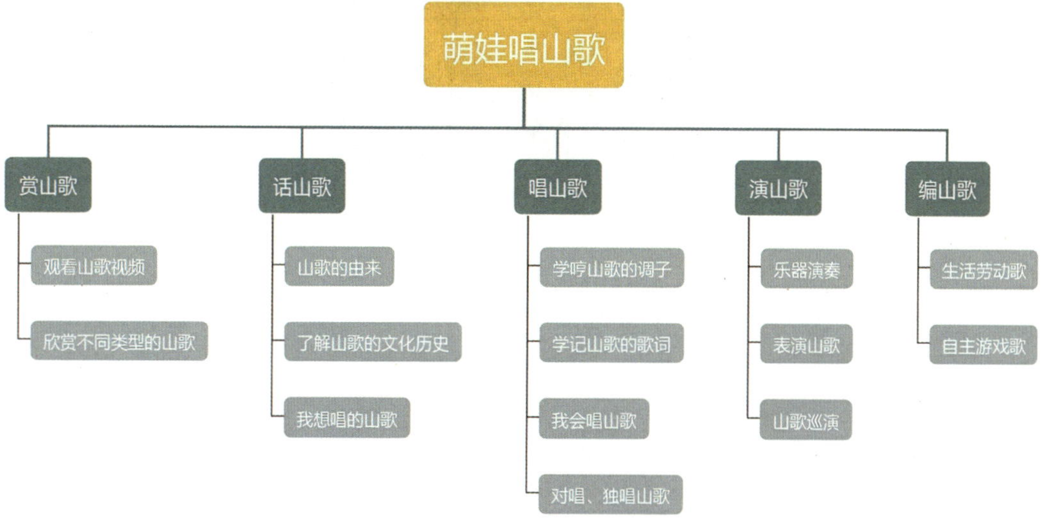

“萌娃唱山歌”课程网络图

在探索过程中，老师们不再纠结数量与时长，而是重点关注幼儿的兴趣与需求。只要符合幼儿的兴趣并且对幼儿的成长具有积极意义，老师们便会坚定地予以支持。老师不仅是教授者，更要扮演好引导者和参与者的角色，与幼儿一起探索、学习和成长，共同开启这段充满挑战和乐趣的“萌娃唱山歌”之旅。

（二）充满好奇的幼儿与积极谋划的老师

1. 赏山歌

幼儿希望聆听更多不同风格的山歌。为此，老师和幼儿共同上网搜索并观看了各种山歌表演视频，让幼儿尽情欣赏山歌的韵味。

幼儿愉悦地欣赏完山歌表演后，忍不住跟随山歌进行哼唱，并尝试模仿视频中的表演者，和小伙伴面对面对起了山歌。

幼儿模仿唱山歌

雅雅：山歌真有趣，听到山歌我感觉很开心。

朵朵：听到山歌我很快乐，想和好朋友一起跳舞。

小琪：她们唱的山歌，和我们学的莲花调不一样，山歌的延音会比较长，唱得慢，不像儿歌那样唱得快。

通过欣赏不同类型的山歌，幼儿感受到了山歌的丰富性，它们有的是对歌，有的是在唱山水之美，还有的是在唱劳动场景。每一种山歌的唱法、歌词和曲调都各具特色。

在众多山歌中，莲花调朗朗上口的腔调和欢乐的节奏深深地感染着幼儿，也激发了幼儿强烈的学习欲望。

2. 话山歌

“这首歌来自哪里？”

“为什么里面有这么多‘莲花乐’？”

“‘莲花乐’是什么意思？是谁发明的？”

“为什么要唱凤山莲花调呢？”

根据幼儿分享的感受和疑问，老师们进行了梳理，并尝试分析他们的兴趣点。

兴趣点一：探寻歌词背后的故事。

兴趣点二：莲花调的由来与传承。

兴趣点三：模拟电影《刘三姐》中的山歌对唱。

（1）查阅莲花调资料

面对幼儿的热切求知欲，老师引导道："我们该如何寻找这些问题的答案呢？"

澜澜提议说："我们可以用班上的电脑进行查阅。"

于是，老师和幼儿一起在电脑上搜索与凤山莲花调的历史和文化有关的视频和图片资料，深入了解莲花调的起源与文化背景。并且，幼儿用自己的方式表达对莲花调的理解和感受。

幼儿理解的山歌表演

（2）实地参访莲花调发源地

由于缺乏关于山歌的专业知识，且网上关于莲花调的资料相当有限，如何有效地教授幼儿成了老师们面临的一大难题。

对于自己不擅长的或者充满挑战的事情，人们常常会本能地畏惧。但在尊重儿童主体、促进儿童主动学习的教育理念下，老师们意识到，老师也需要培养乐于探究、敢于挑战的品质，和幼儿一起成长。因此，老师们需要寻找切实可行的教学方法，确保幼儿能够理解和欣赏莲花调的魅力。

经过商议，本班老师决定走出舒适区，和幼儿一起来到莲花调发源地凤山，和幼儿一起去感受当地的风土人情，亲身去学习和了解莲花调。

2023年4月，老师们带着幼儿来到了凤山。车子刚到村口，乡亲们就用热情的山歌迎接我们，歌声洋溢着友好的氛围。老师也领着幼儿即兴对唱，孩子们和乡亲们的歌声在山谷回荡。

下午，老师和幼儿一行聆听了凤山莲花调传承人的分享，了解到莲花调是一个完整的四句结构的段落音乐，因每一句歌词后面衬以“那个哩莲花莲花乐（桂柳话，读作 luo）”的尾音而得名。

此次活动让老师们深刻体会到，将民族文化的传承与社会的亲密接触相结合，最能激发幼儿的学习兴趣。

（3）挑选想唱的山歌

在知道许多莲花调的歌曲之后，幼儿纷纷表达了自己选歌时的困惑：

> “歌曲这么多，该唱哪首好呢？”
> “每一首都学吗？”
> “我想唱《对山歌》。”
> “我想唱《三月三到乐哈哈》。”
> “我想唱《壮家娃》。”
> “我想唱《我是市幼娃》。”
> “我想唱《铜鼓声声敲起来》。”

面对多样化的选择，老师鼓励幼儿通过讨论来做出决定。经过热烈地讨论，大家一致同意通过投票的方式来选出集体学习的歌曲。

于是，老师将幼儿想学唱的歌曲名称一一写在黑板上，并让幼儿投票表决。

最终，《三月三到乐哈哈》以25票的绝对优势脱颖而出，成为幼儿学习的第一首莲花调山歌。

幼儿票选想学习的山歌

3. 唱山歌

“老师，我会唱《三月三到乐哈哈》的第一段了，‘三月初三哟，到壮乡那个哩，莲花莲花乐……’”澜澜兴奋地展示她的学习成果。

幼儿对《三月三到乐哈哈》的曲调和第一段已经熟悉。然而，当进入第二段的学习时，他们感到有些吃力。在练习时老师们听到了这样的议论声：

“你唱跑调了。”

“老师，我不太能记得住歌词。”

“这首歌听起来有点难。”

“我不太听得明白歌词。”

“但是我很喜欢这首歌。”

老师问道：“那你们有什么好办法？”

“我们可以把歌词画下来。”

“可不可以把歌曲的节奏调慢一些？”

“我发现前面两句和后面一句节奏不一样。”

讨论过后，幼儿开始尝试这些解决方案。他们以思维导图的方式，记录学习中遇到的问题及相应的解决方案，这些记录有助于幼儿更好地理解歌曲的结构和节奏。

幼儿用思维导图做记录

再次练习时，老师也调整了歌曲的节奏，使其更加缓慢和清晰。图文对应也更好地帮助幼儿理解歌词生动的内容。这些调整确实取得了显

著的效果，幼儿的演唱表现变得更加自信和流畅。

（三）专注灵动的幼儿与收获满满的老师

1. 演山歌

临近周一上午的升旗仪式，幼儿提出想要穿上民族服装，在国旗下表演《三月三到乐哈哈》，将这首好听的歌唱给祖国听。

幼儿的热情和期待打动了园长，她深知这样的活动对于幼儿的文化认同和自信心培养的重要性。经过考虑，她答应了这一请求。于是，一场特别的“演山歌”活动在幼儿的热切期待中筹备起来。

到了表演的日子，幼儿早早地穿上了精心挑选的民族服装，脸上洋溢着既紧张又期待的笑容，整齐地站在国旗下。

随着音乐声响起，幼儿开始用他们稚嫩而纯净的声音唱起《三月三到乐哈哈》。他们的歌声虽然不够专业，但幼儿的脸上始终展露着甜甜的笑容，他们的自信和快乐感染了整个操场。

幼儿在国旗下表演《三月三到乐哈哈》

国旗下的表演结束后，幼儿得到了园长、老师以及同伴们的热烈夸赞。这份肯定让幼儿的自信心有所增强，在集体面前表现的欲望愈发强烈。

周二上午，在民族歌谣馆进行自主游戏时，幼儿问道：“老师，我可以用乐器表演山歌吗？我想用跳舞表演山歌。”

看到幼儿充满期待和热情的眼神，老师在条件允许的情况下，鼓励他们大胆去尝试，去探索自己心中的山歌表演方式。

幼儿画出用不同的乐器来表演山歌

幼儿开始自由组队，他们不仅选择了不同的乐器来伴奏，还进行了动作和队形的创编。

幼儿在歌谣馆排练

2. 山歌巡演

随着时间的推移，幼儿对自己的表现越来越满意，他们决定举办一场巡演，邀请一些观众来观看：

"我想邀请园长来观看。"
"我想请小三班的妹妹来看我们表演。"
"我想邀请中四班和大三班的。"

面对幼儿的热情邀请，老师提出了一个问题："你们想邀请这么多人来看表演，那你们打算怎么邀请呢？"

幼儿立刻投入热烈的讨论中，他们讨论着如何邀请不同的观众。经过一番讨论，他们决定采取以下方法解决：

（1）制作邀请函

幼儿用彩纸、水彩笔、贴纸等材料自制了邀请函，邀请函上绘制了充满童趣和民族风情的图案，蕴含了幼儿独特的创意和想象力。

（2）制作门票

为了让观众能够有序地进入表演场地，幼儿制作了色彩鲜艳的门票，门票还带有副券，这确保每一位观众都能凭借门票顺利进入场地。

《莲花调》邀请函

幼儿自制门票

（3）制作剧目展示栏

为了让观众更好地了解表演流程和内容，幼儿制作了海报并张贴在展示栏里，在老师的帮助下，海报上还配上了入场须知的文字。

剧目展示栏

（4）制作观众评价表

为了收集观众的反馈和建议，幼儿设计了一个简单易懂的“观众评价表”，预留了空白处供观众填写意见和建议。

观众评价表

随着邀请函的完成，幼儿对巡演的期待也愈发高涨，他们期待与观众共同分享这份来自山歌的喜悦。

巡演当天，幼儿穿着民族服装，开心地登上了歌谣馆舞台。观众手持门票进场入座，欣赏着幼儿精心准备的山歌表演，不时发出赞叹和掌声。

表演结束后，幼儿向观众分发了“观众评价表”，收集到了许多宝贵的反馈和建议。观众对这场充满创意和特色的山歌表演赞不绝口，幼儿的表现给他们留下了深刻的印象。

教师思考

老师在艺术活动中应该作为观察者，观察幼儿的表现情况，向能力较弱的幼儿予以适时的指导，并发掘有表演优势的幼儿，使幼儿能更好地发展自己的天赋。

3. 编山歌

“老师，我会编山歌了！”朵朵兴奋地跑来，“你听，天气真好，大家出来玩啦哩莲花莲花乐，小花小草陪我唱哩莲花莲花乐。”幼儿的歌声清脆悦耳。

其他人也跃跃欲试，纷纷展示自己的创作。“我也来唱，我们去野趣哩莲花莲花乐，嘻嘻哈哈好开心哩莲花莲花乐。”“在沙池里，来挖沙子咯哩莲花莲花乐。”“来搭积木咯哩莲花莲花乐……”

基于之前的探索与实践，幼儿已经掌握了莲花调的句式，并且开始尝试创编一些山歌。看到他们眼中闪烁的热情，老师们便提议大家一起创作一首关于游戏的山歌。

幼儿立刻来了兴致，你一言我一语地开始讨论歌曲的内容。有的想唱玩积木时的心情，有的则想表达在沙池中挖沙子的快乐。

经过一阵热烈的讨论和整理，幼儿共同创编出了山歌——《我的游戏我做主》。歌曲中充满了幼儿对游戏的热爱和想象。

幼儿创编山歌《我的游戏我做主》

有了一定的基础经验后，在老师的鼓励下，幼儿在各个区域游戏时，根据自己的一些对话和聊天内容创编歌词，于是又诞生了歌曲《幼儿园里乐趣多》和《娃娃家》。

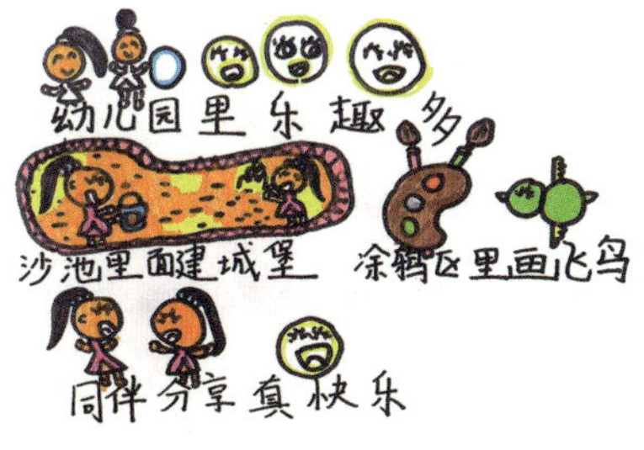

幼儿创编山歌《幼儿园里乐趣多》

幼儿创编山歌《娃娃家》

教师思考

在活动中，老师应给予幼儿自由表现的机会，鼓励他们通过不同的艺术形式大胆表达自己的思想、情感和理解。在宽松、愉悦的氛围中，幼儿的热情得以高涨，彼此之间相互影响、积极合作，共同创作出充满童趣、欢乐且贴近幼儿日常游戏与生活的山歌。

三、课程价值

（一）种下民族传承之花，培育文化认同感

山歌是以世代口耳相传、即兴演唱为主要特点的传统文化表现形式。千百年来，河池人民非常热爱山歌，且善于以山歌表现自己的劳动和生活，以山歌流露自己的思想情感，歌词具有幽默、生动的特点。

本次课程以幼儿为主体，幼儿回归“小小河池人”的角色，探索自己家乡的山歌之美。幼儿在欣赏、讨论中大胆表达自己对山歌的喜爱与理解；幼儿在好奇心的激发下，深入了解了凤山莲花调并进行舞台演出；在老师的支持和鼓励下，幼儿敢于将生活中的事物改编成山歌，并在集体面前自信地展示自己的创作，这份快乐、自信、智慧、传承就这样无形地充盈在幼儿的生活中。

一个时代的人有一个时代的使命，一个时代的艺术有一个时代的风貌。我们要继承民族文化，就要世代保留好传统艺术。凤山莲花调只是一个引子，河池的民族文化也不止于此，还有更多内容值得探索，山歌文化在幼儿心中埋下了“种子”，让民族传承之花长盛不衰。

（二）培养音乐素养与审美能力

本次课程以“奶奶团”的演唱为引子，通过欣赏、讨论和实践相结合的教学方式，引导幼儿学习壮族山歌的演唱技巧，了解山歌背后的历

史文化，体验民族非遗文化的魅力。在此次探索中，幼儿不仅在歌声中感受到传统民族文化的博大精深，还在实践中培养了自己的音乐素养和审美能力。

（三）激发创新精神与想象力

基于大班儿童的能力发展情况，老师们引导幼儿尝试创编山歌。幼儿将生活中的事物巧妙地改编成山歌，这一过程不仅充分激发了他们的创新精神和想象力，还让他们学会了如何将个人的经验和感受与传统民族文化结合，创造出新颖的艺术表达形式。这样的活动不仅锻炼了幼儿的创新能力，更在无形中培养了他们的文化自信和民族自豪感。

山歌激活童子心

黄玲玲

在社会的快速发展中，现代文明的浪潮席卷了每一个角落，许多传统的民族文化在这一过程中逐渐淡出人们的视线。然而，正是这些深深植根于民间的文化，构成了我们民族的根基和灵魂。

河池，这片孕育了歌仙刘三姐的神奇土地，拥有源远流长、丰富多彩的山歌文化。但令人遗憾的是，随着新一代人生活语言的变化，壮族、瑶族、毛南族、仫佬族等少数民族的诸多民间山歌，由于缺少文字记载，正逐渐濒临消亡。这不仅预示着一种独特艺术形式可能消失，而且也反映出在民族文化传承进程中的隐忧与挑战。因此，保护和传承这些宝贵的文化遗产显得尤为迫切。

在这样的背景下，我园近年来积极试行“山歌文化走进课堂”的教育课题，旨在通过将山歌文化融入日常教育，培养幼儿的民族自信心和自尊心，陶冶幼儿的民族情感，从而使这一独特的艺术形式得以传承和发扬。

在教育实践中，我也遇到了许多挑战。传统山歌的曲调风格与现代儿童歌曲存在明显差异。如何将二者融合，使幼儿既能感受到山歌的独特魅力，又乐于接受和学习，成为我面临的一大难题。为此，我计划深入学习传统山歌的精髓，了解其背后的文化内涵和历史背景，并积极探索适合儿童的教育方式和方法。

我曾尝试自己编写山歌，用不同的地方山歌曲调进行教唱，但在实践中发现，由于缺乏对传统山歌的编写经验，我难以将山歌的精髓与幼儿的喜好相融合。因此，尽管我十分努力耐心示范和教唱，却收效甚微，无法将传统山歌中独有的韵律以幼儿能够体会的方式传达，难以激起幼儿的学习兴趣。

为了改变这一状况，我认为应该拓宽幼儿的视野，尝试从不同的角度出发，为幼儿提供更有趣和更有效的引导和教育方式。

于是，我在2023年4月作出了一个大胆的尝试：走出课堂，走出幼儿园，走向社会，走进民间去学习，让幼儿在亲身体验中感受山歌文化的魅力。

首次活动，我带领本班20多名幼儿来到凤山县的下牙村。据说这里是凤山莲花调山歌的发祥地，能歌善舞的民间歌手众多。

下牙村果然名不虚传，我们的车才到村口，就有悠扬婉转的歌声飘来。一下车，村里的父老乡亲便带着一群孩子热情地围了上来，用悠扬动听的山歌欢迎我们的到来。

昨夜梦见灯花开，今天疑是贵人来；
没有好酒来接待，拿杯开水当茅台。
远方客人进村来，全村老少喜开怀；
但愿小鸟来和唱，唱得乌云朵朵开。

一连串的迎客歌声营造出了热烈而友好的氛围，本班幼儿兴奋不已。

后来我才知道，凤山县文化馆和文化局特意为我们这些探究凤山莲花调这一非遗文化的访客，安排了这么一场别开生面的山歌欢迎会。

我之前并没有预想到会有这样一个环节，所以，要以山歌对唱的形式来感谢乡亲们的时候，我心里好紧张，也很着急。但见到幼儿和乡亲们兴高采烈的样子，我只能凭着自己从小积累的山歌底蕴，硬着头皮领着幼儿即兴唱了起来：

今天来到贵宝地，非遗文化来探究；

感谢乡亲来招待，借花献佛敬杯茶。
唱得好来爽歪歪，唱得乌云朵朵开；
亲把乌云唱开了，我把月亮唱回来。

本班幼儿也十分给力，每当我唱完主旋律，他们便默契地像平时一样合唱尾声：“呀哩莲花……花……莲花乐……莲花乐……呼嘿！”

这时候幼儿的情绪已经被调动起来，我趁热打铁，鼓励他们和下牙村的哥哥、姐姐及阿姨们对歌。

刚开始，幼儿还有些害羞不敢唱，我便告诉他们，唱山歌就像平时聊天一样，把想说的话以唱的形式表达出来，不用担心唱得不好。在我的鼓励下，幼儿大胆地尝试对歌。幼儿稍显稚嫩的歌声在山谷中回荡，歌声里的纯真和热情感染了在场的每一个人。

老师和幼儿与村民对歌

当天下午，我们带领幼儿参观了一所民族小学，那里展出了许多非遗文化作品。我们还聆听了凤山莲花调传承人龙家发爷爷的分享，幼儿听得津津有味，甚至跟龙家发爷爷互动对歌，这是我们在平时的课堂中难以见到的情景。最后，我们还体验了打糍粑、吃龙蹦(桂柳话，指血肠)等当地特色民俗活动，这种亲身体验使幼儿对山歌文化有了更深刻的认识和了解。

莲花调传承人为大家讲课

此次活动让我深刻体会到，民族文化的传承需要与社会紧密结合。不到歌的江河湖海中去畅游，就感受不到歌声的快乐；在社会实践中的亲身体验远比单纯的理论教学更生动有效。在真实的场景中去探索、去体验，幼儿才能真切地感受到民族文化的快乐与魅力，从而激发出浓厚的学习兴趣。

有了凤山县下牙村的山歌启蒙，我们在园内开展山歌教学活动更为得心应手。回到幼儿园后，根据这次活动的经验，我们开展了一系列山歌教学活动，鼓励幼儿通过多样化的模仿和表演学习山歌，让他们在快乐的氛围中感受传统文化的魅力，让山歌这一宝贵的民族文化在幼儿的心中生根发芽，焕发出新的生机和活力。

我们将继续努力，让山歌激活童心，让民族文化在我们的共同努力下得以传承和发扬。

第二章

民族习俗文化资源融入课程的实践

在河池，每一个节庆活动都是民族文化交流与互动的生动载体，也是了解民族习俗的好机会。我园将民族节庆活动融入幼儿园五大领域活动，促使幼儿近距离地接触、学习和体验壮族蚂拐节（又叫“青蛙节”）、仫佬族依饭节等国家级非遗项目所散发的民俗魅力。这不仅是对中华优秀传统文化的一次深情回望与致敬，更是对未来民族文化传承与发展的重要探索与实践。

这个“蚂拐”有点意思

中班 李姿谕 黄银莹 李佩芝

一、缘起

寒假结束，开学回到班上，幼儿积极地分享寒假里发生的有趣事情。其中，夏夏和焰云带来了参加东兰蚂拐节时的照片。热闹而特别的蚂拐节活动场景瞬间吸引了全班孩子的注意。

焰云兴奋地向小朋友们描述蚂拐节的盛况，他说：“蚂拐节那天可热闹了，大家都在跳舞、唱歌，我还去敲了锣。”

幼儿分享蚂拐节见闻

夏夏也补充说：“不只是有人跳舞，还有好多好吃的、好玩的，大家都穿着漂亮的衣服。”她的语气中充满了对蚂拐节的喜爱。

听着两人的描述，其他幼儿的眼睛里闪烁着好奇与向往。

希希：夏夏，那些人是在干吗？怎么看起来像青蛙一样！
夏夏：他们在跳蚂拐舞！
轶然：蚂拐节是什么节？蚂拐也要过节吗？
若芯：对呀！好多人变成青蛙了，是青蛙王子吗？这个节日真好玩。

幼儿被这个奇妙的节日深深吸引，纷纷围着夏夏和焰云提问：蚂拐节到底是什么节日？他们为什么要跳舞？这些悬挂着的大大小小的鼓又是用来干什么的？

一次简单的分享会，却在幼儿心中播下了一粒探索未知的种子。

为了帮助幼儿一探究竟，了解蚂拐节的节日文化，老师与幼儿一起开展了一场关于蚂拐节的奇妙探索之旅。

二、传承进行时

（一）蚂拐节的那些事

1. 大调查在行动

关于蚂拐节你知道什么？带着对蚂拐节的疑问，幼儿回家和家长一起展开了调查。

幼儿和家长一起调查蚂拐节

《壮乡蚂拐节》幼儿前期经验调查表

我的名字 黄卫桐

关于蚂拐节你知道什么？

壮族传说认为掌管风雨的是青蛙女神，并把青蛙称为蚂拐。
通过祭祀蚂拐，祈求年年风调雨顺，岁岁五谷丰登，四季人畜兴旺。

关于蚂拐节你最喜欢什么？

最喜欢铜鼓和蚂拐舞。

关于蚂拐节你还想了解什么？

想了解蚂拐舞、蚂拐舞音乐、服装等。

《壮乡蚂拐节》幼儿前期经验调查表

我的名字 余文瀚

关于蚂拐节你知道什么？

壮族传说认为掌管风雨的是青蛙女神，于是便通过祭祀蚂拐，祈求年年风调雨顺。

人民

关于蚂拐节你最喜欢什么？

豆腐圆

五色糯米饭

红鸡蛋

肉血肠

我最喜欢蚂拐节的各种美食

关于蚂拐节你还想了解什么？

蚂拐节还有哪些习俗

幼儿前期经验调查表

2. 调查结果汇报会

调查之后，幼儿都找到了自己对于蚂拐节的兴趣点，并积极地进行了分享。

幼儿分享调查结果

沐熙：我和妈妈在网上查到了“东林孝母”的故事，我来给大家讲一讲这个故事吧！

球球：我爷爷说这个节日是为了让来年能够大丰收才举办的，大家会在节日上跳舞，打鼓，吃很多好吃的东西。

艺璇：我和爸爸也做了很多调查。爸爸说，这个节日只有我们河池才有，有很多的环节，因为都与蚂拐有关所以叫作蚂拐节。

文瀚：夏夏那天带来的照片里的那些人就是在跳蚂拐舞，我和妈妈在网上看到了两种蚂拐舞，一种是我妈妈老家天峨的，还有一种和夏夏的照片一样是东兰的。

崴崴：我老家也有一面铜鼓，他们跳蚂拐舞的时候就是敲着铜鼓跳起来的，这种铜鼓可以发出很多种声音，很有趣。

通过幼儿的发言，老师们发现大家对蚂拐节的了解比较零散、碎片化，为了使幼儿能更全面地了解蚂拐节的由来及发展，老师们特别邀请了夏夏的外公——蚂拐节文化传承人廖庆堂爷爷——来进行讲解。廖爷爷讲述了很多关于蚂拐节的趣事，还带来了一些他以前跳蚂拐舞时的照片。幼儿听得津津有味，还忍不住模仿照片里的人跳舞。教室里充满了欢声笑语。

讲解活动结束后，幼儿迫不及待地将自己眼中蚂拐节最有趣的内容，以绘画的方式记录下来。

幼儿用绘画记录自己眼中的蚂拐节趣事

武恒：我最喜欢人变成蚂拐的场景了！呵呵！他们这样跳！
凯凯：是呀，他们都不穿衣服的，还在身上画花纹。跳跳跳！
涵涵：我想试试跳这个舞，是不是这样跳呢？
彦博：你跳来跳去好像都是一样的动作，换几个动作吧。
思思：哈哈！她跳了又忘记了，我看是因为没有音乐。我在舞蹈班时，老师都是要放音乐的。这个舞好像要敲鼓才能跳。
涵涵：哎呀！谁记得跳了什么动作呀，一跳过就忘了。
老师：你们都来想想办法，再试试看怎样才能记录你们的动作。

幼儿都积极地创编自己的舞蹈动作，可创编得越多他们就忘得越快。活动很快结束了，结果每个人只记住了一两个自己创编的动作，大家都很沮丧。

（二）地上有只小蚂拐

1. 影子蚂拐

在探究蚂拐节一周后的一个下午，阳光特别好，幼儿正开心地在户外进行游戏，熙熙突然兴奋地跑到老师身边，指着地上说："老师，地上有一只小蚂拐！"老师好奇地望去，只见熙熙张开四肢，阳光投射在她的身上，形成了一个生动的蚂拐影子。

瞧，地上也有个蚂拐小人

几个好奇的小朋友也围了过来，模仿着熙熙的样子，也张开了自己的四肢，地面上出现了一个个小小的蚂拐影子。

幼儿兴奋地交流。

崴崴：老师你看，这个像不像蚂拐呢？这是我变的。

天睿：它跟着我动，我抬脚，影子也跟着我抬脚。

茜茜：蚂拐跳起来了！蚂拐跳起来了！

茜茜的声音吸引了其他幼儿前来围观，大家都想看看地上那只“会跳舞的小蚂拐”，伸长了脖子往前挤。看到这么多人围观，崴崴和轶然两个人更卖力了，一会儿动动手，一会儿动动腿，变着法地想着蚂拐的动作，不一会儿两个小朋友已经满头大汗了。

这时，崴崴突然提议道：“我们可以把地上的影子蚂拐画下来，这样我们做的蚂拐舞的动作就留住了！”涵涵立刻附和道：“对对对，教室里面有粉笔，我们可以用粉笔把动作留下来。”

幼儿热情高涨，纷纷投入这场特殊的绘画创作。一部分幼儿迅速找来粉笔，而另一部分幼儿则化身小模特，一字排开，摆出各式各样的蚂拐造型。

大家分工合作，有的专注地画蚂拐的腿，有的则细心地勾勒手部轮廓。在他们的共同努力下，地上的影子蚂拐很快就被生动地画了下来。

阳光下的操场变成了一个充满创意和想象的画布，幼儿用粉笔勾勒出一个个生动的蚂拐形象，记录着他们与蚂拐的美好邂逅。

2. 第一张图谱

户外活动一结束，涵涵、子烨等人意犹未尽，一回到教室马上凑到了一起，他们拿来笔和纸，商量着将刚才的影子蚂拐图画到画纸上。

老师：我们能不能用在户外画影子蚂拐的方法，记录我们要跳的蚂拐舞动作呢？

涵涵：昨天我跳了几个动作，都不知道这样记下来，真笨呀！哈哈！
子烨：现在你再比画几个动作，我画下来。
梓纯：我觉得这个动作也好玩，子烨你也帮我好好画下来。

第一份蚂拐舞蹈图谱新鲜出炉了。

教师思考

蚂拐舞具有即兴发挥的特点。这一特点使蚂拐舞非常适合融入幼儿园的游戏活动，有利于激发幼儿的自主创作和表现，让幼儿通过即兴表演的形式，表达自己对蚂拐舞的独特理解。

（三）你瞧这个鼓

1. 鼓面受伤了

一连好几天，幼儿对蚂拐舞动作的创编和记录都热情不减。他们三五成群地进行创作，共同绘制专属于自己的舞蹈图谱，然后依据图谱翩翩起舞。

祉妍：这样跳来跳去有点没意思，我感觉少了点东西。
俊桦：我知道，少了音乐，在蚂拐节上，人们都是一边敲铜鼓一边跳舞。
思思：老师，我们幼儿园有蚂拐节上那种铜鼓吗？
老师：有呀，幼儿园铜鼓馆里面有很多，我们去看看吧！

在幼儿园铜鼓馆里，夏夏一眼就找到了东兰铜鼓，他招呼着大家一起看。

夏夏：这就是我们东兰老家的铜鼓，是吊着挂的。

紫嫣：鼓上有很多花纹，一圈一圈的，纹路都不一样，你们快来看。

梓纯：是呀！中间这个图案是太阳吗？外面围着的是鸟吗？

浩文：你们看这个铜鼓边上有一圈凸出来的图案，和铜鼓馆墙上的鼓不一样。老师，你看到了吗？

老师：是的，这是东兰铜鼓特有的标识。你们观察得真仔细，为你们点赞！

轶然：你们看，这个铜鼓边上的图案掉了，我们可以帮它补起来。

幼儿观察铜鼓

说干就干，有的幼儿选择超轻黏土，有的选择泡沫。在大家的努力下，鼓面很快就补好了。

幼儿修补铜鼓

2. 铜鼓敲起来

铜鼓修好了，幼儿迫不及待地撸起袖子敲鼓。起初，鼓声震耳欲聋，随后逐渐变得时断时续，最后悄无声息。

幼儿尝试敲鼓

俊桦：好吵啊，一点都不好听！
俞凯：老师，这个是什么意思呢？
思思：老师，我想用我自己设计的符号。

活动开始没多久，教室里就开始有不少幼儿“罢工”了。老师暂停了活动，请幼儿说一说发生了什么。原因是大家设计的符号都不一样，有的幼儿看不懂别人设计的鼓点。

老师：那我们该怎么解决呢？
璇璇：大家都用一个图案来代表我们的鼓不就好了吗？
奕辰：对，这个图案必须是我们都知道都能看得懂的。
老师：那我们应该怎么选择呢？

幼儿最后决定以小组为单位进行讨论，画鼓棒表示敲鼓边，画鼓面表示敲鼓面。

幼儿设计的鼓点

教师思考

此次活动，通过图谱的直观展示，幼儿更清晰地感知了铜鼓音乐的形式。在深入欣赏音乐的基础上，老师引导幼儿将先前观察到的舞蹈动作巧妙地融入铜鼓鼓点的创编中。这样的体验不仅加深了幼儿对铜鼓音乐的欣赏与理解，更锻炼了他们的创造力与协调性。

（四）蚂拐舞小剧场

1. 舞台筹备

有了好听的音乐和特别的舞蹈动作，幼儿距离完成蚂拐舞的表演越来越近了。那么，为了呈现一场精彩的蚂拐舞表演，幼儿还要做哪些准备呢？

琨翔：我要做一个小蚂拐头饰，要不然别人都看不出我们是小蚂拐。
天睿：我要做门票，邀请小朋友们来看我们的表演。
轶然：舞台交给我们啦，一定弄得漂漂亮亮的。
彦博：那我们先画设计图，再按设计图上画的来做。

幼儿根据剧情内容，开始设计并制作道具。

幼儿制作道具

幼儿还自制了门票和邀请函送给小朋友们，邀请大家观看表演。

幼儿邀请小朋友观看表演

此外，他们还精心布置了演出场地、观众席和舞台，为蚂拐舞的表演营造了一个完美的氛围。

在筹备过程中，每位幼儿都为蚂拐舞表演贡献了自己的力量，充满了干劲和热情。

2. 蚂拐舞开演啦

经过大家的努力，蚂拐舞表演已经准备就绪，让我们走进小舞台，一起去看看幼儿的精彩演出吧！

萌宝蚂拐舞表演视频

到了表演时刻，所有的家长和老师都聚集在舞台周围，欣赏幼儿的表演。他们的舞姿或许还不够成熟，但他们的热情和自信深深地感染了在场的每一个人。当舞台上出现幼儿欢快的身影和稚嫩的笑声时，大家都为之动容。

演出结束后，家长纷纷给予幼儿热烈的掌声和赞扬，幼儿的脸上洋溢着满足和自豪的笑容。看到幼儿的精彩表现，老师们也不禁为之骄傲。

三、课程价值

（一）聚焦民族文化，沁润童心，“童”行实践启新知

“是什么？为什么？”是幼儿经常挂在嘴边的话。他们觉得这个世界太奇妙了，很多事物都没见过，也没听过，所以他们想要去了解。幼儿在与同伴的交流中萌生了对蚂拐节文化的兴趣和探究热情。老师顺应幼儿的学习轨迹，让幼儿在原有经验的基础上增长了新经验，促进了其动手能力、问题解决能力、艺术表现力和创造力的发展，逐步促进幼儿全面而有个性的发展。

（二）聚焦民族文化，以美育美，“童”行实践增自信

老师通过多种渠道将丰富的民族文化资源融入幼儿的一日生活活动，在幼儿心中播下保护民族文化的种子，激发幼儿对学习民族文化的兴趣和积极性。老师利用民族文化资源，创设以美育美的幼儿民族文化体验活动，如创编蚂拐节舞蹈动作、创排蚂拐节表演节目等活动，让幼儿感受自己能力的提升，培养幼儿主动学习的良好习惯，促进幼儿自信心的发展；同时，让幼儿感受民族文化的魅力，激发其对家乡民族文化的自豪感和热爱之情，增强幼儿对家乡优秀文化的认同和自信。

（三）聚焦民族文化，家园联动，“童”行实践促发展

课程聚焦民族文化，将蚂拐节文化融入幼儿园课程，顺应了幼儿的探究兴趣。活动中，老师引导幼儿通过多种活动和多种形式感受民族文化的魅力，在绘画、打鼓、舞蹈、游戏等个性化活动中表达对蚂拐节文化的理解和情感。

幼儿的发展需要幼儿园、家庭和社区多方联动。课程积极探索家庭资源和社区资源的开发运用路径，邀请非遗文化传承人进校园（园所）；家长和老师分工协作，引导幼儿开展蚂拐节相关调查等活动，协力互助，携手共育，共同促进幼儿发展。

幼儿园民族文化课程开展过程中的那些事

李姿谕

在幼儿园的多元文化教育中，民族文化的融入是至关重要的。作为一名身处多元文化交融地区的幼儿教师，我深知民族文化教育的价值和意义。然而，在实际的教学过程中，我却遇到了许多困惑和挑战。

我所在的幼儿园位于一个少数民族聚集地，居住着壮族、汉族、瑶族、仫佬族、毛南族、苗族、侗族、水族、土家族等9个世居民族。这些民族的文化丰富多彩，为我们的园本课程提供了宝贵的资源。然而，每个民族所特有的文化丰富多样，其中不乏一些较难理解的部分。如何将这些民族文化有效地融入幼儿园教育，让幼儿在快乐的游戏中感受和学习民族文化，是我一直在思考和探索的问题。

在开展民族文化课程的实践探究时，我选择了预设主题活动作为起点。当我着手“有趣的扎染”这个主题时，我将我们当地的仫佬族扎染这一非遗技艺，生硬地安排到大班的美术活动中。从最初的介绍仫佬族扎染，到教授幼儿学习扎染的方法，每一道工序都让幼儿紧跟着我的要求前进。

尽管幼儿的作品完成得很好，甚至超越了他们这个年龄能完成的程度，每一位看到这些作品的成人，都会忍不住予以夸赞，但我发现幼儿并不享受这个过程，有些幼儿甚至开始对这样的创作活动产生反感乃至厌烦的情绪。

当时，我误以为幼儿只是玩腻了，只要再给予一些鼓励，他们就能做得更好。因此，我在班级里开展了各种比赛和作品展示活动，但这些举措都未能提高幼儿的兴趣。最终，美术区角里的扎染材料备受冷落，没有一个幼儿愿意选择。

幼儿在学习扎染

回顾这段经历，我深刻认识到，教育不应只是单方面的灌输和要求，而应该关注幼儿的兴趣和需求。在引入民族文化课程时，我应当更注重幼儿的参与感和体验感，给予幼儿更多的自主权和选择权，让他们在轻松愉快的氛围中学习和探索，而非机械地完成任务。

带着这样的反思，我转变了方向，开始尝试以幼儿的兴趣为出发点，引导他们自主探究民族文化。我开展了第二个主题“节日里的美味”，带着幼儿一起探索仫佬族豆腐的制作过程。

在这次活动中，我给予了幼儿更多的自由，没有限制他们磨豆子的时间，也没有固定煮豆浆的方式，幼儿甚至可以尝试加入各种蔬菜汁，而我总是满怀热情地鼓励他们。然而，我意识到，尽管我试图让幼儿自主探究，但在集体教学活动中，我还是不自觉地给出了制作豆腐的“正确答案”，并在游戏回顾时，简洁地总结了他们的操作失误。最终，幼儿虽然学会了制作仫佬族豆腐，但对于仫佬族的其他文化元素仍然知之甚少。

幼儿制作仫佬族豆腐

这使我再次陷入反思：民族文化的课程确实复杂而富有挑战性。为何我总是无法将幼儿的兴趣和民族文化有效地结合起来？如何捕捉民族文化课程的精髓并将其融入课程呢？在迷茫中，我开始寻找新的方向。

幸运的是，我接触到了由胡华[1]园长倡导的花草园生活化课程理念，这让我恍然大悟，认识到了自己之前的误区。我之前所组织的课程，更多的是关注学科知识和技能的传授，而忽略了幼儿在学习过程中形成的态度、价值观和相应的行为，而这些才是教育更重要的部分。

于是，我把脚步放慢下来，放下自己预设的过程和结论。在带领小班幼儿开展“壮家小蚂拐”这一主题活动时，我认真倾听并理解幼儿的想法，同时积极想办法支持和保护他们的兴趣。例如，我鼓励家长带幼儿亲身感受热闹的蚂拐节；将蚂拐节传承人请到班级里和幼儿玩上半天，给他们讲故事、跳舞；让幼儿自由尝试用各种物品敲打出自己最感兴趣的鼓点。

幼儿学习“壮家小蚂拐”

我发现，当我站在幼儿的角度思考、设计、完成民族文化课程时，一切好像变得很简单而自然，幼儿也更愿意表达和表现了。

关于“壮家小蚂拐”这个主题的探究，幼儿的探索兴趣从小班一直

1　胡华，中华女子学院儿童发展与教育学院副教授、硕士生导师，中华女子学院附属实验幼儿园园长。

延续到了中班。幼儿在这个课程中找到了自己的学习节奏。他们从天峨县的蚂拐节探索到了东兰县的蚂拐节，通过亲身参与和体验，不仅掌握了蚂拐舞的表演技巧，还能流利地讲述蚂拐节的习俗和美食。这种深入探索和体验的学习方式，让幼儿在享受学习过程的同时，也丰富了他们的文化知识和生活体验。

回顾这段曲折的旅程，我深刻体会到：对于幼儿来说，顺应其节奏的课程，才能让幼儿获得真正的成长。开展幼儿园民族文化课程时，老师需要放下自己的预设和结论，真正站在幼儿的角度去思考和设计课程。只有这样，幼儿才能在快乐的游戏中感受和学习民族文化，实现真正的成长。同时，我也希望我的经历能给同样在摸索中的一线幼儿教师带来一些启示和帮助，让我们共同为幼儿的成长和发展努力前行。

课程故事 5

我的依饭巡游，很精彩

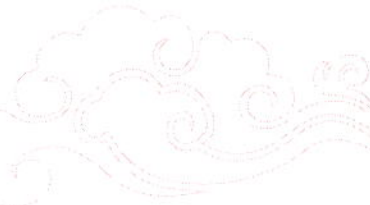

大班 韦婷 谭萍萍 陈小连

一、缘起

“依饭节”又称“喜乐节”，意为同庆丰收、共享欢乐，是仫佬族一年中最独特、最隆重的节日。

一年一度的依饭节刚落下帷幕，幼儿仍沉浸在依饭节巡游活动的热闹氛围中，他们在晨会上兴致勃勃地分享在依饭节上的所见所闻。

佑佑：在依饭节上，巡游的叔叔阿姨们穿的衣服好漂亮啊！

炣炣：他们巡游的时候，为什么有的人要戴傩面呢？

丹丹：他们衣服上的图案是什么呢？

通过幼儿的交流讨论，老师们发现幼儿对依饭节巡游表演活动的兴趣点各有不同，有些幼儿喜欢演员的面具，有些幼儿喜欢漂亮的民族服饰，还有些幼儿表达出想参与表演的想法。

仫佬族依饭节是河池市独特的地方性民俗节日，同时也是国家级非物质文化遗产之一，承载着丰富的民族文化历史内涵。这个节日不仅展现了当地人民的传统生活习俗，更蕴含了深厚的教育价值。

老师们意识到，将依饭节引入幼儿园课程，不仅能满足幼儿的好奇心和探索欲，还能让他们在体验中深刻感受民族文化的独特魅力。于是，老师和幼儿开启了一段依饭节巡游表演的探寻之旅。

二、传承进行时

（一）童眼看依饭

依饭节巡游这一传统民俗活动对于幼儿来说既神秘又充满吸引力。为了让幼儿更好地了解依饭节活动的巡游表演过程，老师们精心准备了一段关于依饭巡游的视频。

视频中，巡游队伍身着五彩斑斓的民族服饰，手持各式各样的傩面，锣鼓声震天响。伴随着富有节奏感的舞蹈，巡游队伍沿着村庄大道缓缓行进，每个细节都彰显出这一活动的独特魅力。

观看视频时，幼儿不时发出赞叹声和欢笑声，完全被视频内容所吸引。

幼儿观看依饭节活动视频

视频结束后，幼儿进行了热烈的讨论。

丹丹：我想像叔叔阿姨们一样去巡游。

小鹿：我想穿巡游的漂亮衣服。

豪豪：我可以表演，我想戴傩面具。

幼儿对巡游活动表现出浓厚兴趣，他们提出要亲身体验并扮演巡游队伍中的角色。经讨论，老师们决定在幼儿园里开展一次模拟依饭巡游的活动。

在讨论中，老师们发现幼儿的兴趣点各异，有的对傩面好奇，有的对仫佬族服饰感兴趣，还有的对表演感兴趣。基于幼儿的兴趣和需求，老师将幼儿分为了傩面组、服装组和导演组，以小组合作的方式对各个话题进行探索。

（二）分组热议

1. 傩面组

傩面组的幼儿围绕自己对傩面最真实的初印象，进行了一次讨论活动，并将自己对傩面的最初印象画了下来。

天佑：傩面太可怕了，像鬼，像妖怪。

炣炣：我不喜欢傩面，我不想戴它。

丹丹：每个傩面都有自己的名字。

梓熙：我听外婆讲过傩面中白马娘娘的故事。

幼儿最初接触傩面时的感受记录

经过第一次讨论，傩面组的幼儿意识到自己对傩面的了解还很少。于是，幼儿决定在接下来的一周时间，通过调查、参访等多种方式，深入了解各种傩面人物及其背后的故事。

经过一周的深入探索，傩面组的幼儿再次聚在一起，进行了一次更为深入的讨论。他们在纸上写下了感受记录，分享了这段时间对傩面的新认知。

幼儿熟悉傩面后的感受记录

柯柯：白马娘娘为人们赶走了野兽，教会人们种地。

小鹿：仫佬族戴傩面表演是为了祈祷平安和丰收。

豪豪：我们可以自己制作傩面吗？

丹丹：我们可以用颜料在纸箱上画傩面，还可以画在白色面具上。

章天：他们的脸都很圆，耳朵很长，眼睛很细长，我可以用陶泥捏出傩面。

于是，幼儿开始搜索班级里适合制作傩面的材料，迫不及待想要亲手制作出属于自己的傩面。在动手之前，幼儿认真观察了不同傩面的形态和特点，他们围坐在一起，仔细讨论每一个细节。在制作过程中，幼儿遇到了新的问题：每个傩面做出来好像都一样，如何区别？想要的材料班级里没有，去哪里找？材料来了，又怎么用呢？

针对这些新问题，老师和幼儿又坐在一起进行了讨论。

老师：我们想要的材料是什么？在哪里能找到呢？我们有几种方式制作傩面呢？

天天：我家里有面具。

豪豪：傩面有36个人物，我想选一些用软陶制作。

乐乐：我想画一个女神的傩面，我还可以用不织布剪一个。

商量之后，幼儿选择了自己喜欢的傩面形象，并据此进行分工，以自己喜欢的方式制作傩面，不足的材料可以在园所和家里寻找。

随着时间的推移，一个个充满个性的傩面在幼儿的手中逐渐成形。

幼儿用各种方式表现傩面

幼儿对各种傩面的喜爱度加强，他们欣赏着自己亲手制作的傩面，脸上洋溢着自豪和满足。通过对比幼儿对傩面印象的记录，可以清晰地看到色彩的变化，这充分体现了幼儿对傩面由陌生、害怕到逐渐了解并深深喜爱的情感变化过程。这次用不同材料制作傩面的经历，不仅加深了幼儿对傩面文化的理解，更在无形中锻炼了他们的动手能力和创造力。

教师思考

幼儿充满创意，渴望以多种方式展现傩面，这需要充足的资源支持。在共同收集、投入适宜材料的过程中，家长也积极参与，为家园共育创造了良好契机。

制作傩面的过程中，最大的挑战在于将设计转化为实物，在这一过程中，老师给予幼儿充足的探究和讨论空间，同时适度参与，引导他们运用已有经验解决问题。

2. 服装组

在幼儿眼中，依饭节巡游活动中的表演者穿的仫佬族民族服饰神奇又美妙。滚粗边的宽袍阔袖满襟衫，以及与之相配的绣花桶裙都深深地吸引了他们去欣赏和探究。

服装组进行了一次热烈的讨论，根据讨论内容，老师和幼儿一起梳理出以下三个最感兴趣的问题，在接下来的一周里，幼儿带着这些问题进行参访和调查，以期找到答案：

衣服上的图案有什么特殊的意义？

他们的袖子为什么那么宽？

衣服有哪些颜色？

幼儿绘画衣服设计图

每一次寻找答案的过程都促使幼儿对仫佬族服装有更深入的了解。经过一周的探索，幼儿计划先用画笔设计出自己喜爱的仫佬族服装，随后动手制作。这样，他们就能穿上自己制作的衣服进行展示。

幼儿设计衣服花纹

接下来，幼儿开始忙碌地收集和整理服装的纹样，他们有的从幼儿园借阅相关书籍，有的从网上查找资料，还有的向家长请教。他们精心挑选并在纸样上描画自己喜欢的纹样，经过一遍又一遍地修改和完善，最终完成了纹样的设计。最后，幼儿将设计好的纹样结合自己的创意想法进行服装排版。

接下来，幼儿将面临的一项挑战是将设计稿通过折剪缝制转化为实物，完成这件服装的设计。在这个过程中，幼儿遇到了许多困难，如颜色搭配不协调、裁剪和缝制技巧不熟练等。然而，在老师的引导和同伴

的帮助下，他们逐渐找到了解决问题的方法，并不断完善自己的设计。

幼儿折剪
缝制服装

经过几天的努力，服装组的幼儿终于完成了自己的服装设计。有的服装上绣着精美的仫佬族图案，有的则采用了鲜艳的色彩搭配。他们兴奋地拿起自己的作品，向老师和小伙伴们展示。

3. 导演组

导演组的幼儿在分组后，进行了深入的讨论。他们认为导演组还要了解人们举行依饭节的原因，才能更好地做好导演工作。

幼儿用了两天的时间进行查阅和调查后，再次进行讨论。

雨希：我查到了仫佬族过依饭节是为了感恩与祝愿，所以他们巡游时手里会拿着丰收的东西。

琛琛：他们会拿着福袋，袋子里装一些丰收的瓜果，例如花生、南瓜。

家齐：我们可以自己制作一些东西放入福袋。

童童：除了福袋，我们巡游是不是要做一些准备呢？

雨希：我们还要给演员化妆呢。

家齐：能不能骑上小车来巡游呢？

琛琛：要不我们来做一个巡游计划表吧。

接下来，导演组的幼儿兵分两路，一队开始忙碌地制作福气小物，将满满的祝福放进福袋，这些福袋寓意着五谷丰登；另一队则开始着手设计巡游计划，期待在活动中呈现更多的创意与惊喜。

幼儿的巡游计划

幼儿根据几个不同的巡游计划，开展了新的一轮讨论。

家齐：我们的队伍要往哪里走？

童童：我们要设计一个路线图，这样大家就能知道每个巡游计划的路线了。

幼儿设计的路线图

经过之前的准备，幼儿都迫不及待地想要快点开始巡游表演，但新问题也随之而来：巡游表演需要观众，请谁来当观众呢？怎样让大家知道有

演出呢?

针对新的问题，导演组又开始了一番思考与讨论：

问题一：怎样让大家知道有巡游活动？邀请谁来看？

解决方案：幼儿意识到，想要吸引观众，首先需要让大家知道有这场巡游活动。于是，幼儿决定制作精美的海报进行宣传，并将其张贴在显眼的位置，以吸引他人的注意。

问题二：怎样让观众不到处乱跑，以免影响巡游？

解决方案：他们计划预先规划巡游路线，并使用绳子设置警戒线，以确保观众不会跑进表演队伍。此外，还安排了一些工作人员负责现场秩序维护，以保障表演顺利进行。

问题三：这么多事情谁来做？

解决方案：活动筹备阶段，老师和幼儿进行了集中讨论与规划，明确了每个人的分工，互相配合，共同完成了海报制作、路线布置和人员安排等任务。

教师思考

从导演组幼儿的讨论中可以看出，他们对游戏的规划有自己的想法与见解。老师充当了活动的支持者与引导者，给予幼儿充分的肯定与助力，鼓励他们与伙伴自主讨论，共同计划，自制巡游路线图，让幼儿自主推动游戏的进程，使幼儿成为自主的探索者，享受着探索和实践的乐趣。

（三）准备就绪，开始巡游

经过三周的准备工作，巡游正式开始。各组幼儿早已做足了准备，傩面组为大家分配了色彩鲜艳、造型各异的傩面，服装组为表演者穿上制作好的服饰，而导演组更是忙碌，他们负责策划和组织整个巡游活动。

随着导演组一声令下，巡游正式开始。手持傩面的幼儿在队伍前面开道，队伍踏着轻快的步伐，在幼儿园里欢快地巡游。他们一边走，一边向其他同学和老师挥手致意，脸上洋溢着快乐和自豪。

幼儿的巡游表演

幼儿沉浸在此活动的乐趣中，并不忘将美好的祝福送给身边的人。

幼儿将福袋送给小朋友

幼儿将福袋送给老师

幼儿将福袋送给食堂姨妈

幼儿将福袋送给保安叔叔

巡游结束，幼儿依然沉浸在欢乐的氛围中。他们也有很多的思考与反思：作为演员，他们对自己在巡游展示时的表现非常自信，每个人都积极地说着自己的进步与优点；作为观众，他们首先对其他同学的表现给予肯定与鼓励，同时也深刻体会到，在这个活动中，每个人都是主角，每个人的参与都让这个活动变得更加精彩。

三、课程价值

《指南》指出，传统文化是一个国家和民族的精神支柱，具有丰富的教育价值。3—6岁的幼儿应该了解一些基本的传统文化知识，这将有助于培养他们的民族自豪感和归属感，增强道德观念，提高审美能力，促进全面发展。

（一）传承文化，弘扬民族精神

依饭节作为河池地区的民俗活动，蕴含着丰富的民族文化内涵。通过模拟巡游活动，幼儿不仅学习了传统服饰、傩面制作等知识，更在心灵深处种下了河池地区民族文化的种子，这种对民族文化的认同感，将伴随他们一生，成为他们独特的文化基因。

（二）激发潜能，促进全面发展

在热闹的依饭节探究活动中，幼儿自发进行巡游想法的规整，共同讨论巡游准备、制订游戏计划，分工合作，解决问题。这样的过程不仅锻炼了幼儿的规划能力和分工合作能力，还培养了他们的交往能力和遵守规则的意识。创意制作仫佬族服饰、傩面等活动，为幼儿提供了发挥创意和想象力的空间。通过大胆的尝试和积极的思考，幼儿在活动中获得了新经验和新知识，同时也感受了传统文化的丰富内涵。这种全面发展的教育模式，有助于提升幼儿的综合素养和未来竞争力。

(三)放手，师幼共同成长

在教育的旅程中，老师时常面临未知的领域和挑战。此次依饭节巡游活动初期，老师们有一些担忧和困惑：这一传统节日对老师们而言同样陌生，老师应该如何有效地引导幼儿呢?

经过探讨，老师们选择了一种特殊的方式——放手，让幼儿主导整个巡游表演活动。这一决策不仅将主导权归还给幼儿，充分激发了他们的创造力和主动性，更让老师在与幼儿共同探索的过程中，学会了如何面对未知、如何更好地回应学生的兴趣和需求，无形中促进了自身在专业领域的成长。这种成长不仅提升了老师的教育教学能力，更让老师坚信：放手，是师幼共同成长的最佳路径。

那个叫豪豪的孩子

谭萍萍

在幼儿教育的世界里，游戏不仅是幼儿欢乐的源泉，更是他们成长的催化剂，它无声无息地改变着幼儿的世界，赋予他们勇气、自信和力量。

今天，我想分享一个关于游戏与成长的故事，主角是一个名叫豪豪的小男孩。这个故事没有惊心动魄的瞬间，也没有曲折离奇的情节，但它却真实记录了豪豪如何通过游戏逐渐打开心扉、找回自信，最终融入集体的温暖怀抱。

立冬过后，仫佬族的依饭节如期而至。依饭节是仫佬族一年之中最为盛大的传统节日。节日中的傩面具以其怪异夸张、滑稽幽默、神秘原始的形象，不仅吸引了幼儿的目光，还激发了幼儿无尽的好奇与探索欲。

游戏是幼儿的基本活动，它符合幼儿身心发展特点，也是幼儿期主要的学习方式。作为幼儿教育工作者，我们明白要充分发挥幼儿的自主能动性，引导幼儿在自主游戏中快乐学习。

所以，在节日结束后，我特意在区域里摆放了一些傩面，期待着幼儿与它们的互动。果然，区域游戏时间一到，幼儿纷纷被这些傩面吸引，沉浸在自己的游戏世界中。

在这群孩子中，豪豪总是安静内敛。他性格内向，不善言辞，总是在角落里独自玩耍。我深知，每个幼儿都有自己的闪光点，只是需要时间和机会去发掘。于是，我开始关注豪豪，试图找到他的兴趣所在。

我注意到豪豪在表演区里认真地玩着傩面。他戴上面具，模仿着节日中的舞蹈，虽然动作还显得稚嫩，但眼中的光芒却透露出他对这个游戏的热爱。我悄悄拿起手机，记录下豪豪玩傩面游戏的过程。

游戏结束后，我走过去与他交流。我问："豪豪，你在做什么呀?"

他小声地回答："我在跳傩面舞呀。"

我继续问："你喜欢傩面是吗?"

豪豪点点头说："我知道这个傩面叫白马娘娘，我在老家的罗城仫佬族博物馆见过。爸爸和我说一共有三十六面傩面，我家里有七圣牛哥的傩面呢……"豪豪娓娓道来，说得津津有味，非常自信大方。

我说："豪豪你知道的可真多呀，下次给小朋友们分享你的傩面好不好?"他不好意思地点点头。

在接下来的一次集体活动中，我讲述了关于白马娘娘的故事，并邀请豪豪上来表演。豪豪虽然有些犹豫，但在我的鼓励下，他终于勇敢地走上台前。

他刚开始表演的时候声音很小，我鼓励他说："你的声音可好听了，老师相信你一定是最厉害的白马娘娘。"

随着我的不断鼓励，他慢慢地自信起来，逐渐放开了自己，将白马娘娘的形象演绎得栩栩如生。

豪豪的转变并非一蹴而就。我深知，这需要时间和耐心。每当看到他逐渐自信的笑容，我就知道，我的努力没有白费。

第二天，豪豪拿着他的傩面来到了幼儿园，其他小朋友纷纷围观，豪豪自信大方地和小朋友们介绍自己制作的傩面"七圣牛哥"。很快，"七圣牛哥"成为小朋友们的新宠，大家围绕着它创编出了各种有趣的游戏。

豪豪介绍自己制作的傩面

随着时间的推移，豪豪不仅愿意与小朋友们一起玩耍，还开始主动分享自己的傩面知识，每次游戏或生活中遇到困难也会主动找老师。

在这个过程中，我深刻体会到了《纲要》中所强调的“教师应以关怀、接纳、尊重的态度与幼儿交往”的重要性。正是这种尊重和理解，让豪豪得以在游戏中释放自我，找到属于自己的舞台。

在幼儿园这个温馨的大家庭里，老师就是幼儿心中的“妈妈”。对于内向的幼儿，老师要给予他们更多的关爱与陪伴。他们可能不会像其他幼儿那样大声表达自己的想法和感受，但他们的内心同样渴望被关注、被理解，希望老师的目光能在自己的身上多停留一会儿。

因此，我时常鼓励豪豪大胆地说出自己的想法和感受，让他在其他幼儿面前展现出自己的风采。关于幼儿的点滴进步，我都会及时地与家长沟通，让家长更加了解自己的孩子，家园携手共同促进幼儿健康成长。

我深知每个幼儿都是独立的个体，他们必然存在各种差异，都有自己成长的速度。作为他们的引路人，我们要陪伴他们走过每一个阶段，长长的路我们慢慢地走，让他们的灵魂跟上步伐，让教书育人成为一场缓慢而美好的修行。

第三章

民族游戏文化资源融入课程的实践

游戏是儿童的天性，《纲要》强调保护并引导这一天性。河池市凭借其独特的多民族文化，孕育了丰富的传统民间游戏。我园深谙其教育价值，巧妙融合地方特色与民间游戏资源，丰富课程内容。这不仅顺应幼儿自然成长规律，激发其兴趣与集体参与热情，而且点燃了幼儿对本土文化的热爱，助力幼儿全面发展与身心和谐。同时，这也促进了教师团队的专业成长，彰显我园独特的民族文化特色与教育理念。

课程故事 6

“趣”抢粽吧

大班　韦燕妮　何东妮　刘彦麟

一、缘起

《指南》中指出：“真诚地接纳、多方面支持和鼓励幼儿的探索行为。”抢粽粑是广西罗城仫佬族自治县的节日传统游戏之一。我园开展的民族非遗文化进校园活动，内容很丰富，有“抢粽粑”“抛绣球”“仫佬竹球”“舞草龙”等。

凯凯在“抢粽粑”活动面前站了很久，楠楠跑过来。

楠楠：凯凯，你在这里干什么呀？

凯凯：他们在干什么呀？跑来跑去的，看起来好好玩啊！

楠楠：刚才他们说了，这个叫作“抢粽粑”。

凯凯：我也好想玩啊！想抢粽粑来吃。

琪琪：那我们也一起来玩抢粽粑的游戏吧！

顿时，幼儿对抢粽粑产生了浓厚的兴趣，老师们也抓住了此次教育契机，以幼儿的兴趣为导向，支持幼儿拉开本次“‘趣’抢粽吧”的游戏序幕。

二、传承进行时

(一) 抢粽新手来探究

1. 探究抢粽游戏的来源

幼儿萌发了玩抢粽粑游戏的想法，但在筹备游戏之前，幼儿提出了自己的疑惑。

> 楠楠：为什么要抢粽粑呢？
> 乐乐：是不是因为大家都想要吃粽粑？
> 月月：抢到粽粑就是得奖吗？

幼儿对此产生了不同的想法。为了及时把握幼儿的兴趣点，老师设置了一份抢粽粑活动背景的调查表，并鼓励幼儿与家长一起进行探究。

家长对这次调查活动表现出了极大的热情。一些家长甚至带着幼儿亲自前往罗城仫佬山乡进行实地采风，另一些家长则选择通过上网查阅相关资料来完成调查表。

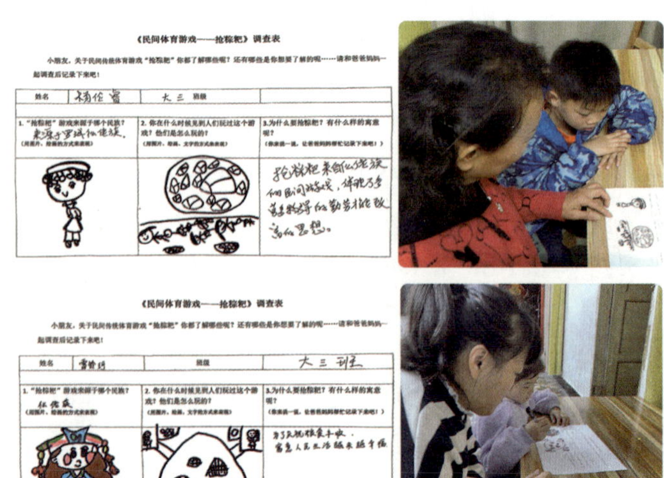

《民间体育游戏——抢粽粑》调查表

小朋友，关于民间传统体育游戏“抢粽粑”你都了解哪些呢？还有哪些是你想要了解的呢……请和爸爸妈妈一起调查后记录下来吧！

姓名		大三 班级	
1.“抢粽粑”游戏来源于哪个民族？ 来源于罗城仫佬族。 （用图片、绘画的方式来表现）		2. 你在什么时候见到人们玩过这个游戏？他们是怎么玩的？ （用图片、绘画、文字的方式来表现）	3.为什么要抢粽粑？有什么样的寓意呢？ （你来说一说，让爸爸妈妈帮忙记录下来吧！）

《民间体育游戏——抢粽粑》调查表

小朋友，关于民间传统体育游戏“抢粽粑”你都了解哪些呢？还有哪些是你想要了解的呢……请和爸爸妈妈一起调查后记录下来吧！

姓名		班级	大三班
1.“抢粽粑”游戏来源于哪个民族？ 仫佬族 （用图片、绘画的方式来表现）		2. 你在什么时候见到人们玩过这个游戏？他们是怎么玩的？ （用图片、绘画、文字的方式来表现）	3.为什么要抢粽粑？有什么样的寓意呢？ （你来说一说，让爸爸妈妈帮忙记录下来吧！）

亲子合作
完成调查

通过亲子合作探究，幼儿了解到抢粽粑是仫佬族为了庆祝丰收而开展的节日游戏，这个游戏寄托了仫佬族人民期盼来年风调雨顺、五谷丰登的美好愿望。

2. 探究抢粽游戏的传统玩法

可是抢粽粑游戏怎么玩呢？为了支持幼儿感受和了解抢粽粑游戏的传统玩法，老师们通过播放视频和与幼儿共同梳理游戏规则的形式，帮助幼儿解开疑惑。

老师与幼儿共同梳理游戏规则

凯凯：原来我们要围成圆圈，然后到中间的位置去抢粽粑呀。

楠楠：谁抢到的最多谁就获胜。

幼儿对抢粽粑游戏的传统玩法有了初步了解后，老师与幼儿一同收集游戏材料，包括粽粑、筷子、竹夹、竹筐，并梳理出玩法：

①两队同时比赛，每队有三名队员；

②各队队员在起点用编花篮的脚步站立（即单腿站立，另一条腿勾在相邻队员的腿上），听到出发的口哨声响起；

③各队队员单脚跳到放粽粑的地方，依次将粽粑装到自己的竹筐里面；

④三名队员同时以最快的速度夹起粽粑放到本队的筐内，先夹到粽粑的队伍获胜。

同时，以图片搭配文字说明的方式使幼儿更直观地了解抢粽粑的游戏规则，丰富幼儿的经验。

教师思考

兴趣是最好的老师，在游戏中幼儿能够自发地提出自己的疑惑，通过家园共育的调查、视频学习、与同伴分享经验等方式，不断深化对抢粽粑游戏的理解。随着认识的加深，幼儿对抢粽粑活动的热情持续增强。

（二）“趣”抢粽吧

1. 第一次尝试

为了满足幼儿的探究欲，老师们在教室里组织了一次抢粽粑活动，幼儿自行分为三人一组，迫不及待地玩了起来。

在尝试编花篮的过程中，琪琪、菲菲和乐乐三人面临了挑战。尽管琪琪和菲菲都尽力勾起了自己的脚，但每当乐乐尝试加入时，三人的脚总是无法稳定地保持在一起。经过几次失败的尝试后，三人决定一起讨论解决这个问题：

菲菲：这个编花篮的脚步太难了，我的脚总是搭不稳。

乐乐：你们一开始就没勾住。

琪琪：你们两个的脚太重了，我动不了。

菲菲：你们看看旁边的那一组，他们是怎么勾上去的呢？

菲菲看着一旁智妍小组的编花篮脚步，发现他们三个人能够稳稳地搭在一起，于是菲菲凑近问道：“你们是怎么搭在一起还不会掉的呢？”

智妍说："三个人都要勾住了。"于是在智妍的指导下，菲菲组完成了较为稳固的编花篮样式。但当三人进行转圈跳跃时，队伍再次散开了。

智妍观察后说道："我知道了，你们在跳的时候是往外的，都跳到外面去，然后就散开了。"

琪琪回应："对啊，跳了一下，菲菲就飞出去了！"

菲菲说道："那我尝试往里面跳。"

幼儿再次尝试，这一次菲菲不再朝着外面跳，三个人成功地稳稳搭住。

老师用手机记录了幼儿第一次尝试游戏的过程。老师发现，大部分组都面临着同样的问题——做勾膝动作（编花篮的脚步）时，幼儿的脚总是搭不稳，只有个别组能够完成。

幼儿第一次尝试抢粽粑

因此，老师组织幼儿开展了一次回顾活动，幼儿交流了自己遇到的问题，老师也播放了游戏时录制的视频。

老师：你们看到了什么？发现自己为什么总是搭不稳了吗？

乐乐：我们的脚要勾住前面小朋友的小腿。

洋洋：三个人要靠近一点，离太远了脚会掉下来。

夕夕：我们的手要扶住前面的小朋友。

经过大家的讨论与小结，幼儿了解到，要完成较为稳固的编花篮样式，三名组员不仅要彼此靠近、勾住小腿，还要默契配合、相互搀扶、同时跳跃，这样才能顺利向前。

教师思考

当幼儿在第一次挑战中遇到问题并发生争论时，老师并没有进行干预，而是以拍视频的方式记录幼儿的游戏过程，并通过组织游戏回顾，引导幼儿主动发现与思考“视频里看到了什么?”“为什么勾不稳?”等问题。

在观看视频的过程中，幼儿以旁观者的身份观察和思考游戏中出现的问题，自行找到勾膝动作的技巧，为第二次尝试提供了经验。老师为幼儿搭建了“脚手架”，支持幼儿发现问题、解决问题，着眼于幼儿的最近发展区，适时为幼儿提供支持，使其有可能超越最近发展区，向下一个发展区发展。

2. 第二次尝试

有了第一次的经验，幼儿开启了新一轮挑战。

在第二次挑战中，大多数幼儿都能做到稳定的编花篮脚步，较第一次有了明显提升，但这次又出现了新问题。

幼儿第二次尝试抢粽粑

月月、琪琪、乐乐这一组在成功搭好花篮后，信心满满地准备开始抢夺粽粑。然而，他们却遇到了意料之外的困难——每当他们尝试前进时，整个队伍总是无法直线前进，而是在原地打转，始终无法抵达粽粑所在的位置。

月月：为什么我们总是打转，走不到粽粑那边？
乐乐：你总是带着我往你的方向走。
琪琪：我们怎么又搭不稳了？

幼儿意识到自己在向粽粑方向前进时的配合仍有问题。为了解决三人总是原地转圈的难题，老师找来了抢粽粑比赛的视频，视频里比赛选手能又快又稳，还能一致向目标方向前进。

月月组仔细观察其他队伍的表现，寻找可能存在的差距和改进之处。幼儿纷纷表达了自己的看法。

楠楠：你要先停一下，然后三个人要朝着同一个方向跳。
琪琪：我都是记住自己转了几圈，然后再慢慢地走过去。
乐乐：你可以记住一开始脚尖的位置，两个人一样。
航航：我见他们是一起喊口号的，“1跳、1跳、1跳……”
泽言：是的，通过喊口号他们才能同时跳起来。
嘉誉：我们也要喊口号。

月月组根据大家提出的解决方案进行尝试，加入“1跳、1跳、1跳……”的口号，使队伍能更好地统一动作。在尝试了几次后，他们最终成功走到了粽粑的位置。

月月组成功到达

这次尝试不仅让月月组体验到了成功的喜悦，也是对他们团队协作和问题解决能力的一次锻炼。

3. 第三次尝试

游戏到了最后环节，也是最为关键的环节，幼儿拿着筷子准备夹取粽粑，但他们发现粽粑太重了，即使夹住也难以长时间保持，不久就会滑落。几名孩子急得团团转。

幼儿练习夹粽粑

凯凯说："太难了吧，我都夹不起来，人家玩抢粽粑的时候都是怎么夹的呢？"

听到幼儿提出的问题，老师提议道："粽粑还有哪些地方可以夹呢？试试看有什么好办法可以夹住粽粑吧。"

幼儿用筷子尝试夹粽粑的其他位置，琪琪突然将筷子从粽粑和绳子中间的缝隙穿了过去，兴奋地说：“你们看，这样不就成功了吗！”

几名幼儿学着琪琪的样子直接从粽粑和绳子的中间穿过，使其能够固定粽粑。

而一旁的凯凯也找到了自己的方式，他将两条粽粑的绳子夹在一起，然后稳稳地夹了起来，自豪地说：“你们快看，我这样也可以。”

幼儿使用不同的方式夹粽粑

教师思考

在整个过程中，老师始终遵循“幼儿在前，教师在后”的理念，引导幼儿自主地发现问题、解决问题，促进幼儿观察力和解决问题能力的发展。

（三）抢粽大赛进行时

掌握了抢粽粑游戏的基本方法后，幼儿热情高涨，开始向新的玩法发起挑战。因此，大家决定组织一场有趣的“抢粽大赛”。

经过讨论，幼儿了解到，一场正规的比赛要有裁判、合适的场地、明确的玩法和规则。于是，他们为筹备比赛忙碌了起来，并决定由老师来担任本次比赛的裁判。

1. 选择比赛场地

为了找到适合比赛的场地，幼儿在幼儿园各个地方开始“场地寻找之旅”。

琪琪：我们要找到一个比较大的场地才能够玩游戏。
乐乐：幼儿园哪个地方合适呢？
楠楠：我们去到每个地方，试着玩一下，就知道了。

幼儿考察比赛场地

于是，幼儿一同走出了教室，纷纷在草地、足球场、沙池、操场、骑行道等不同场地尝试三人合作勾膝向前，并把自己的感受记录下来，与其他小伙伴分享。

沐溪：这个沙池又滑又软，我们一跳就直接陷下去，摔倒了。不合适。
景昱：在草坪上会把小草踩死。不可以。
楠楠：操场是最大的，能够站得下很多人。
云蔼：我们楼顶的足球场很平坦，摔倒也不痛。

幼儿考察完幼儿园的场地后，经过游戏体验的分享和讨论，他们发现操场和楼顶足球场最适合比赛。幼儿又出现了选择困难，最后，乐乐提议以投票的方式决定，最终确定了比赛的场地——操场。

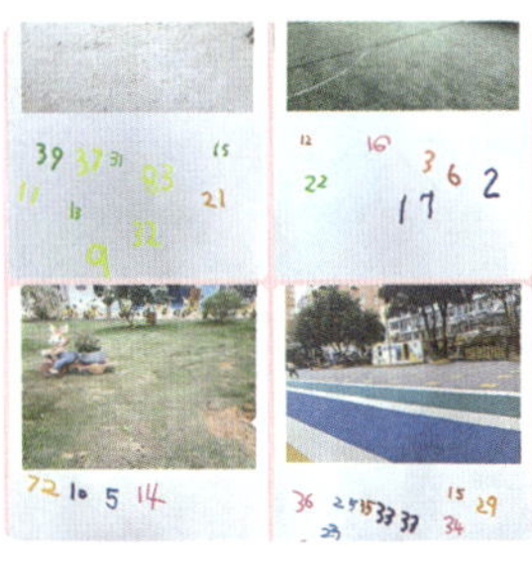

幼儿投票选择比赛场地

2. 讨论比赛玩法

选定比赛场地后，幼儿围坐在一起，热烈讨论比赛的玩法。

琪琪：我们可以像他们以前玩的那样，然后一起玩！

楠楠：我们每个人每次都只能抢一个粽粑，不能多抢。

凯凯：抢得最多的队伍就是胜利者。

经过讨论，幼儿达成了共识。为了更直观地呈现比赛的玩法，琪琪将大家的想法绘制成图，并通过投票的方式确定了最终的玩法。

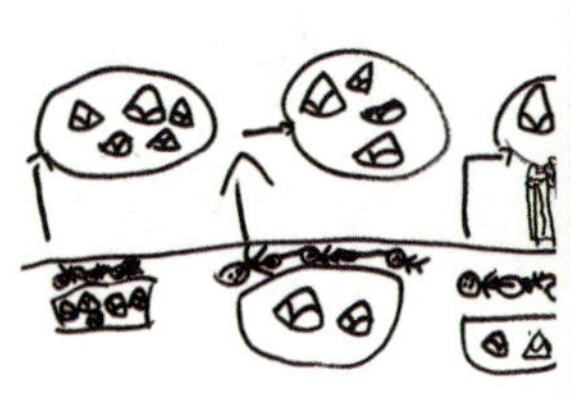

幼儿讨论比赛玩法

有些幼儿认为传统的玩法过于单一和简单。为了增添比赛的挑战性和趣味性，最终确定以“S形障碍赛”作为比赛的形式。幼儿自由分成三个小组，每小组三人，同时进行比赛。

3. 布置比赛场地

幼儿根据自己的设计图选择材料，每个幼儿都忙碌起来。凯凯说道：“我们要去布置比赛的场地了。”几个人跟着凯凯一起来到了操场。

老师：你们打算怎么布置比赛场地呢？

琪琪：我们要先准备材料，这样才能开始比赛。

月月：我们刚才的粽粑和筷子就能够当成材料啦。

楠楠：还需要一个比较大的竹筐，摆在中间放粽粑，也需要有小竹筐放在自己组的位置上，我们抢到的东西都能够放进去。

于是，幼儿开始自主布置场地。他们从材料区搬来各种材料，设置各种障碍，将比赛要用到的粽粑放置于中间，在圆圈外的位置放置小竹筐，以便幼儿放置自己抢到的粽粑。他们一步步地完成场地的布置，心中充满成就感以及对比赛的期待。

幼儿布置比赛场地

4. 第一次比赛

场地布置完成后，比赛一触即发。裁判倒数三声后，幼儿随即投入激烈的抢粽粑比赛中。

然而，比赛过程中出现了不少混乱场面：有的队伍在转弯时碰倒了锥形柱，有的选手直接去抢夺其他组筐里的粽粑，试图将其夹入自己组的筐中。

第一次比赛的混乱场面

由于在比赛前，幼儿在确定抢粽粑比赛玩法时，忽略了制定比赛规则，导致比赛出现了混乱的场面。赛后，幼儿也针对这个情况进行了激烈的讨论。

婉宁：老师，他们组犯规了，直接夹走其他组的粽粑。

依依：你们组跳到我们组这边来了，害我们摔倒了。

琪琪：我们要重新制定游戏规则，不然我们这样是不行的。

楠楠：对，我们在比赛的时候只能从中间抢粽粑，不能抢旁边的粽粑。

凯凯：还有，比赛的时候不能去碰撞别人。

比赛中出现的犯规行为成了大家共同讨论的话题。为了引导幼儿对犯规行为的重视，老师说："在比赛中，什么行为是犯规的呢？怎样才能

在绕弯的时候不碰倒锥形柱呢？”

以此，将有关“比赛规则”的问题抛回给幼儿，引导幼儿从讨论犯规行为到制定比赛规则。

幼儿讨论比赛规则

5. 调整比赛规则

在讨论比赛规则的过程中，幼儿发现，只有一位裁判站在一边，未能及时发现另一边的赛况。于是，他们决定增加一位裁判。他们选出体育老师袁老师作为裁判加入本次比赛。

袁老师欣然同意，并与幼儿一起讨论了比赛规则。

瑞鑫说道：“袁老师，你跟韦老师一起做裁判员，一人负责一边，有人犯规了就吹哨子告诉他。”

袁老师问道：“那犯规的行为有哪些呢？”

经过一番讨论，最终确定了本次比赛的规则：

①两队同时比赛，每队三名队员；

②听到鼓声后，从原点单脚勾膝（编花篮）出发；

③三人单脚通过障碍跳到中间放粽粑的地方，依次将粽粑装到自己组的筐里；不能抢别的组筐里的粽粑；

④三个人的粽粑可以同时夹到自己组的筐内。

⑤在规定的时间内，夹到粽粑最多的组获胜。

幼儿调整比赛规则

在这个过程中，幼儿积极提出自己的想法和解决方案，并认真倾听他人的意见。当意见不统一时，他们能够清晰地阐述自己的理由，通过讨论寻找共识。这次交流为幼儿提供了协商和合作的机会，为在后续比赛中共同遵守规则提供了经验。

6. 第二次比赛

比赛规则制定完成后，幼儿迅速布置了第二场比赛的场地。

当袁老师的哨声响起，第二次比赛开始啦！小选手们你追我赶，来回夹粽粑，摔倒了又将脚勾好继续向前，比赛中幼儿专注着、开心着、兴奋着。

规定时间一到，袁老师的长哨声又一次响起，比赛结束。最终琪琪组获得第一名。其他组虽然输了比赛，但依然很高兴。

第二次比赛的场景

尽管比赛过程中出现了小插曲，但这些并未影响幼儿对抢粽粑游戏的热情。他们为了团队的荣誉而全力以赴，不断克服障碍，勇往直前。在这个过程中，幼儿不仅享受了比赛带来的快乐，还深刻体验了与同伴合作游戏的乐趣，同时也感受到了仫佬族传统体育游戏所蕴含的魅力。

7. 赛后分享

抢粽粑大赛圆满结束，大家围坐在一起，分享自己的游戏心得。

琪琪：我们两个人刚才一直没有想好要夹哪一个粽粑，每次都是被别人先夹走了。

豪豪：我们可以一人夹一次，这样手才不容易酸。

楠楠：玩抢粽粑的游戏时，我们要和队友配合好，这样才能够获得游戏的胜利。

幼儿兴致勃勃地分享自己的发现，纷纷表示抢粽粑是一项很有趣的游戏。

幼儿分享赛后感受

教师思考

大班幼儿已经具备运用图文结合的方式做记录的经验。在本次游戏中，老师也发现，幼儿在探索游戏场地、玩法和规则的时候，都习惯性地用图文结合的方式呈现自己的想法。

鉴于大班幼儿需要培养规则意识，老师决定以竞赛形式开展游戏。当开展竞赛游戏时，幼儿发现游戏仍存在一定问题，于是他们以查缺补漏的方式调整游戏规则，并在后续的游戏中遵守竞赛规则。

在游戏过程中，老师强调培养幼儿的分享意识。在游戏前，老师引导幼儿主动与同伴一起思考如何进行游戏，以讨论的方式确定游戏的玩法；在游戏结束后，老师引导幼儿在宽松、自由的活动氛围中分享自己的游戏心得，积极表达自己的想法，以促进幼儿语言表达能力的发展。

（四）家园共育——探究抢粽粑游戏的不同玩法

在幼儿园里，幼儿跟同伴玩抢粽粑游戏，玩得十分开心，并且提出要将好玩的游戏带回家。

楠楠：我要回家跟我爸爸妈妈说一说自己在幼儿园玩的游戏。
月月：我也要和爸爸妈妈爷爷奶奶，还有我哥哥说。

幼儿将这一想法带回家后，家长不仅认为这个游戏富有趣味性，而且看到了它的教育意义，非常配合地在家中组织起了抢粽粑游戏。

在第二天的晨会上，幼儿将家庭版抢粽粑游戏的玩法与小伙伴们分享。其中，楠楠向大家介绍了他们家尝试的一种新颖的方式——两人三足“趣”抢粽。

首先，楠楠和爸爸妈妈共同讨论了如何进行花样抢粽粑，然后楠楠

爸爸提出了一个有趣的建议："我们可以尝试两人三足的抢粽粑游戏。"

楠楠认为爸爸的提议很有趣，因为他们在幼儿园是用筷子夹粽粑的。接着，楠楠家开始沟通实施两人三足比赛要做的准备。

这个游戏需要至少四个人参与，于是，楠楠邀请了自己的小伙伴及其父母一起参与。每组由一名大人和一名幼儿组成，刚好分成三组。每组成员的左腿与右腿分别用红绸带捆绑在一起，形成"两人三足"。

楠楠还详细地介绍了游戏玩法和规则：所有人必须同时站在起点线，待裁判发出"开始"指令后才能出发，最先抵达终点并拿到粽粑后回到起点的队伍才算赢。

两人三足亲子抢粽赛

月月家则采用了另一种有趣的玩法——四角抢粽赛。

通过月月的分享，老师们得知，虽然这个玩法是由月月提出的，但在整个筹备过程中，家长都积极参与其中。爸爸提出了摆放粽粑的创意，为游戏增添了趣味性；而妈妈则和月月共同完善了游戏规则，确保了游戏的流畅性和公平性。

在这个游戏中，他们用夹子作为工具，目标是在规定时间内夹到尽可能多的粽粑。起初，只有月月和爸爸妈妈三个人参与游戏。为了增加游戏的趣味性和挑战性，月月一家经过讨论，决定邀请邻居一起参加，分成四组队伍分别站在四个对应的角落，粽粑放在最中间。在规定时间内，幼儿往返取粽粑，取粽粑最多的组获胜。

此外，琪琪也分享了他们家的独特玩法——粽粑接力赛。在这个玩法中，大家要用筷子夹取粽粑，然后进行接力折返跑，最快完成接力并且夹取到最多粽粑的队伍获胜。

在游戏过程中，不断有新的家庭成员加入。为了游戏的公平性，每组大人和小孩的数量必须相等。所以，在每次比赛开始前，琪琪都会细心地清点队伍中大人和小孩的数量，确保每组人数均等。

游戏结束后，家长在班级群分享了活动的收获。

楠楠妈妈："两人三足游戏需要组员相互配合，一开始楠楠都不懂得配合，但是后来她也会主动地强调我们要合作才能获胜。"

月月妈妈："月月在玩的时候很专注，就算输了也不会生气，这个表现让我很惊讶。"

幼儿将抢粽粑的传统游戏带到家庭之中，不仅享受了亲子时光的乐趣，而且增进了家庭成员之间的情感联系。

三、课程价值

（一）尊重传统游戏，传承与发展民族文化

抢粽粑这一民族传统游戏承载着河池人民代代相传的记忆，陪伴了无数家长和幼儿的童年。在本次活动中，我园老师深入探究了抢粽粑游戏的传统玩法，让幼儿在游戏中体验游戏乐趣，在潜移默化中接受民族传统文化的熏陶。

在亲子共同开发新玩法的过程中，两代人之间的沟通与交流得以加强，产生深厚的共鸣。这种共鸣不仅增进了亲子关系，而且在不知不觉

中实现了民族文化的有效传承。这样的课程既尊重传统，又注重创新与发展，真正做到了传承与发展的有机结合。

（二）尊重幼儿想法，支持幼儿进行大胆表征

在探究过程中，老师注重观察幼儿的兴趣点，尊重幼儿的想法，支持幼儿进行大胆表征。老师作为观察者、支持者和引导者，始终站在幼儿游戏的背后，提供必要的支持，启发幼儿自主解决问题。

老师鼓励幼儿通过绘画、文字、语言等方式表达自己对抢粽粑游戏新玩法的思考，并且倾听幼儿的心声，尊重幼儿的创意想法。在游戏中，老师不过多干预，而是赋予幼儿充分的话语权，让幼儿在游戏中自由表达、自主探索。这不仅有助于提升幼儿的表征能力，还有助于培养幼儿发现问题和解决问题的能力。

老师在支持幼儿大胆表达的同时，还组织幼儿梳理想法，引导幼儿对自己的想法进行多方验证。在这样的引导下，幼儿能够不断自主思考、主动探索、实际操作，实现有意义的学习，这对幼儿的发展具有重要意义。

（三）尊重幼儿经验，实现幼儿学习品质的提升

《指南》中指出："要珍视游戏和生活的独特价值，创设丰富的教育环境，合理安排一日生活，最大限度地支持和满足幼儿通过直接感知、实际操作和亲身体验获取经验的需要。"遵循《指南》的理念，我园老师深知珍视游戏与生活的独特价值至关重要。

幼儿虽未接触过编花篮游戏，但幼儿能够主动尝试进行编花篮玩法的探究。在因为找不到正确的玩法而屡屡失败时，幼儿通过观察同伴的动作，找寻同伴的技巧，倾听同伴的经验分享，在反复尝试后，终于掌握了固定编花篮脚步的技巧。

在整个游戏过程中，老师始终坚持“幼儿在前，教师在后”的游戏理念，给予幼儿充分的自主权，让幼儿依循自己的经验逐步解决问题。

当游戏规则出现问题或游戏技巧未能掌握时，老师鼓励幼儿自主尝试、调整和创新。在竞赛发生混乱时，幼儿很快达成了要和同伴沟通游戏规则的共识，积极探究解决方案。这种灵活应变和持续进步的能力，正是老师期望培养的良好学习品质。由此可见，以幼儿为中心的课程，应该尊重幼儿的经验，锻炼幼儿自主解决问题的能力，才能有效地提升幼儿的学习品质，培养他们的探索精神和合作意识。

放手，与孩子共成长

刘彦麟

作为一名刚入职一年的新手老师，在启发幼儿开展游戏时，我常常受“效果”束缚。总害怕在限定的时间内，无法完成课程内容，害怕幼儿在游戏过后没有收获。

在2023年10月，我们中班迎来了一场民族文化园本课程活动“‘趣’抢粽吧”，正是这场活动，成了我的教育观念转变的契机。

活动初期，幼儿兴致昂扬地提出：“老师，我们想要这样玩。”然而，我，一个深受传统教育观念熏陶的教育工作者，却以成人的视角和固有的经验，断然否定了他们的提议：“不，我这个才好玩。”

我以自己的经验和阅历，试图为幼儿规划出一条“正确”的道路，却忽略了他们内心真实的想法和渴望。我紧握着手中的缰绳，不敢直接放手让幼儿去尝试、去创造，生怕他们变成瞎玩。

然而，随着时间的推移，我发现幼儿对我设计的传统玩法失去了兴趣。这时，我开始反思：“或许，他们真的可以玩出不一样的玩法呢？”

于是，尽管心中仍有诸多顾忌，但我还是决定勇敢地迈出一步，尝试放手，让幼儿在游戏里自主探索。

我组织了一场谈话活动，鼓励幼儿大胆地分享自己的创意玩法。

明隽小朋友眼中闪烁着光芒，急切而兴奋地用小手比画着他想要设计一场“S”形障碍赛的玩法。在他的带动下，其他幼儿也受到了启

明隽小朋友分享游戏玩法

发，纷纷加入这场创意的分享中，他们的脸上洋溢着同样的热情和期待。

幼儿开始为举办一场“S”形障碍赛做准备，但在抢粽粑时，他们遇到了困难，粽粑总是夹不稳掉下来。

看到这种情况，我真的很着急，想直接伸手帮忙。然而，我最终按捺住了想要帮忙的冲动，决定鼓励幼儿自己沟通并寻找解决方法。

当我不再执着于“圆满”的结果，我惊讶地发现幼儿具有很强的问题解决能力。他们提出了多种解决问题的方案：用筷子夹住粽粑线，或者直接用一根筷子穿过粽粑的绑绳，这样他们就能更快、更稳地夹住粽粑了。

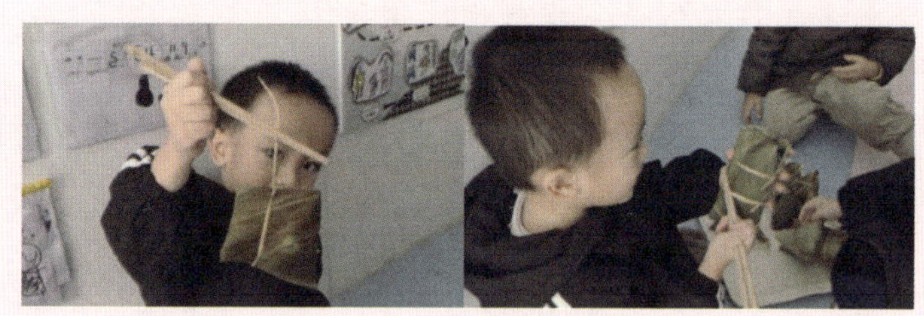

幼儿解决问题的过程

虽然幼儿解决问题的时间稍长，过程中我也曾担忧他们无法克服困难，但“授人以鱼不如授人以渔”的道理让我选择了信任与支持他们。

幼儿在操场上用“S”形障碍赛的创新玩法玩抢粽粑游戏时，他们的笑声、欢呼声此起彼伏，仿佛在告诉我：“看！我们也可以创造出属于自己的玩法！”

“S”形障碍赛现场

在这个过程中，幼儿的创造力和自主性让我感到惊喜和自豪，我也意识到：幼儿并不需要老师一直在前方拉着他们前进，他们真正需要的是老师的信任与支持。

我与幼儿一样，都在懵懂中成长着，我只是比幼儿多了一些人生阅历与经验罢了。当我决定放手让幼儿自由探索时，我发现他们都对民族传统文化有着自己的想法，用自己的方式进行文化传承与发展。看着他们顺利实现创新玩法时开心的笑脸，不仅他们有满满的成就感，作为他们的老师，我同样感到开心与自豪。

教育观念需要与时俱进。在教育的过程中，需要不断地思考自身的教育方式是否适合现在的社会和幼儿。作为新老师，我更应该将先进的教育理念运用到教学实践当中，真正地站在幼儿的身后，观察、倾听和理解他们的需求。

曾经的我，如同一只守护小鸡的母鸡，时刻将幼儿护在自己的羽翼之下。每当他们蹒跚学步，我总是不由自主地伸出手去扶，总是试图紧握每一份责任，为幼儿铺设一条平坦的道路。然而，我现在逐渐领悟，真正的教育不仅仅是教授知识，更是教会幼儿如何独立、如何成长。

在未来的日子里，我将继续尝试放手，给予幼儿更多的信任与自主权。我相信，他们有能力去解决问题，去面对挑战，而我也会一直陪伴在他们身边，与他们共同成长。

课程故事7

哇，珠珠草龙“飞”起来啦

大班 覃仙瑶 韦利娟 李艳萍

一、缘起

舞草龙是河池市仫佬族人民庆祝丰收、感恩白马娘娘、祈求来年风调雨顺的民间传统体育活动，具有深厚的文化内涵。

2010年，舞草龙被列入自治区级非物质文化遗产名录，这项独特的民俗活动展示了仫佬族人民的智慧和创造力，成为一道不可错过的风景线。

仫佬族草龙课程是我园民族文化园本课程之一，课程重在引导幼儿了解、喜爱非遗文化，进而升华为爱家乡、爱祖国的社会情感。

本园大班幼儿已具备关于仫佬族草龙的由来、风俗、制作等相关经验。在上学期完成大型装置作品“珠珠草龙”的基础上，幼儿提出“我们要更有挑战地学习草龙”的学习需求，可是对“如何让草龙变得更有挑战”一直没有头绪。

有一天，在晨间阅读时，可可拿起了书架上的绘本《天上飞来一条龙》，阅读完绘本后，可可又叫来了几名幼儿一起阅读。幼儿看到绘本兴奋地喊道：“太酷了！”

依依：龙会飞耶，好厉害。

凯凯：我在电视上看见过会飞的龙。

果果：呀，这么高是怎么飞上去的？我也好想看看会飞的龙呀。

开开：老师，上次我们做的草龙可以飞吗？

果果：草龙只能低低地飞，我举的草龙只能比我高一点。

老师：那你们想让它怎么飞呢？

依依：草龙能不能像绘本里的龙一样，自由地飞来飞去呢？

幼儿阅读绘本《天上飞来一条龙》

二、传承进行时

（一）好奇——珠珠草龙可以怎么“飞”？

珠珠草龙可以怎么“飞”呢？幼儿带着这个问题走出教室，在幼儿园的户外场地上展开探索。幼儿的小身影遍布每一个角落，他们排成高举草龙的队形走着，一同寻找适合草龙“飞”的地方。

一一：我们可以沿着轮胎路走，让草龙飞到亭子里。

小予：我们可以从宽敞的路走，窄窄的地方有点危险，容易掉下来。

果果：我们沿着地面上的“C”走，草龙会弯弯地飞；在跑道上，草龙就是直直地飞。

小晓：我们用“Z”字形的舞步走，草龙就会按“Z”字形飞。

开开：我们可以从桥上走，这样草龙可以“飞”过河啦。

壮壮：在走上下楼梯的路线时，一只手要扶楼梯，另一只手举草龙，要用多一点力气，要慢一点才行。

走起伏的轮胎路

走宽敞的路

走狭窄的路

走“C”字形的路

走直直的路

走“Z”字形的路

走小桥的路

走上楼梯的路

走下楼梯的路

幼儿在初次探索了幼儿园的不同路径后，满怀兴奋地回到教室，开始制订自己的游戏计划。

开开：我想让草龙飞过小河，河里有小鱼。
一一：你们看，我的会钻山洞。
小予：我的更厉害，我的会飞上梯子。
小晓：我的会跳来跳去。

幼儿在制订计划

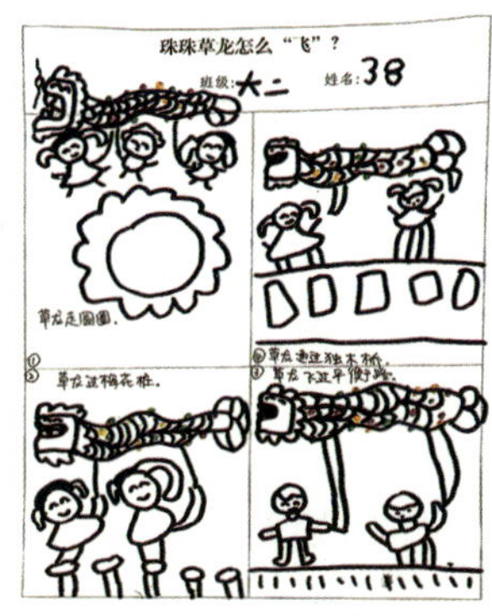

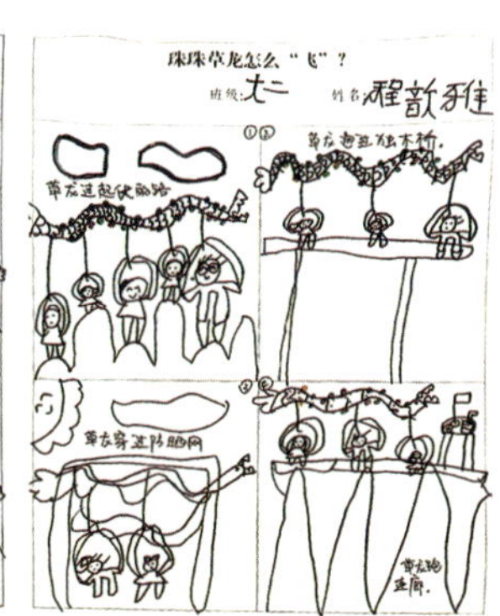

幼儿制订的草龙游戏计划

计划完成后，经过小组讨论，每组选出了一份计划，并进行分享。

妍妍：我的草龙会跟着圆圈转圈圈飞，还会过小河。

萍萍：它在走不平的路，路上有很多石头，然后又走到了小桥上，再钻进一张大大的网。

壮壮：它正在钻山洞，然后它去爬梯子，走过幼儿园长长的连廊，再过传送门。

幼儿分享游戏计划

小组分享结束后，幼儿对每个计划进行了深入讨论，他们纷纷提出了自己的想法。

果果：有这么多计划，这么多路线，那我们玩哪种呢？

宇宇：我觉得可以让草龙“飞”到最高的地方，也就是我们幼儿园的连廊，因为那里是我们幼儿园最高的地方。

元宝：它可以“飞”在小河上空，还可以看看小河里的鱼。

幼儿深入讨论游戏计划

幼儿各抒己见，讨论的声音此起彼伏，最后大家一致认为可以进行一场投票，看哪一份游戏计划是最受欢迎的。

幼儿票选最受欢迎的游戏计划

经过投票，幼儿选出了6个游戏计划：草龙绕圆圈、草龙飞过亭子、草龙穿过防晒网、草龙飞过跑道、草龙绕柱子、草龙爬楼梯飞连廊。

投票结果

幼儿将选出来的6个游戏计划融合在一起，重新绘制了一幅整体路线图。

游戏整体路线图

老师引导说：“游戏的整体路线图出炉啦！珠珠草龙不是很长，不能全班小朋友都一起玩，那由谁去玩呢？”

听到提问后，大部分幼儿举手报名。经过讨论，最后决定每组派一名代表，先去尝试体验，于是大家组建了一支7个人的队伍。

7名幼儿集中讨论了各自想要举起珠珠草龙的哪个身体部位。他们根据自己的喜好，挑选了举草龙的站位，并在记录表的相应位置上标记自己的学号。

7人讨论站位

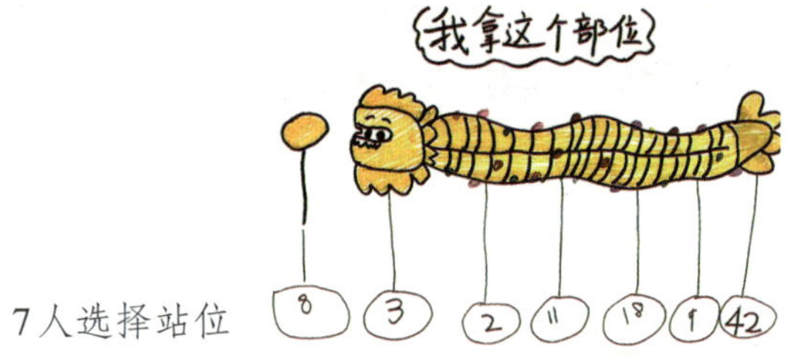

7人选择站位

一切准备就绪，幼儿拿着游戏计划路线图到户外实地试走了一遍。走完一遍后，幼儿发现，路线之间距离太远了。

皓皓：按这个游戏计划，6个地方跑下来好累哦。

慧慧：对啊，我都出好多汗了。

老师：那我们怎么样能以最短的时间跑完所有的路线呢？

幼儿根据幼儿园户外各场地远近的实际情况进行讨论思考后调整了整体路线图。

幼儿调整整体路线图

幼儿调整了草龙穿过防晒网、草龙飞过跑道、草龙绕柱子的顺序，使得整体路线图合理化，更适合他们开展珠珠草龙“飞”起来的游戏。

调整后的整体路线图

（二）舞动——珠珠草龙“飞”起来

对幼儿来说，珠珠草龙“飞”起来的游戏充满了新奇和乐趣。有了调整后的整体路线图，幼儿迫不及待地拿起珠珠草龙，开始了第一次珠珠草龙“飞”起来的游戏。

1. 游戏初体验

活动第一天，几名幼儿争先恐后地参与，负责龙头的幼儿迅速举起龙头杆子，拿龙珠的幼儿则迫不及待地挥动龙珠，空气中飘荡着幼儿的欢声笑语。

这是幼儿的初次体验，老师选择先不干涉，而是在一旁静静地观察和记录他们游戏的过程。

表 3-1　游戏初次体验记录表

序号	游戏路线	现场照片
1	草龙绕圆圈	
2	草龙飞过亭子	
3	草龙飞过跑道	
4	草龙绕柱子	

续表

5	草龙穿过防晒网	
6	草龙爬楼梯飞连廊	

幼儿很快就发现让珠珠草龙“飞”起来没有那么简单，虽然前期对空间场地和游戏路线进行了整体规划，但还是出现了新的问题。

问题一：如何平稳地“飞”过有起伏的路面呢？

游戏开始后，在“飞”过亭子时，有一段用轮胎铺设的起伏路面，这让琪琪感觉有些吃力。

琪琪：老师，果果太快了，我跟不上。

一一：果果在后面推到我了，我一直往前倒。

慧慧：草龙在飞到亭子那里的时候，太高了，差点撞到亭子。

幼儿停下来后，开始你一言我一语地交流起来，每个人都积极发表了自己的想法，并把自己的解决方案分享给大家。

幼儿在热烈地讨论

琪琪：我们可以放慢速度，前面的人不要走太快。
果果：要看路，不然就会踩空，压到前面的人。
皓皓：过亭子的时候，把龙举低一些，不要让龙撞到亭子；出亭子的时候可以把龙举高一点，这样能看清路。

讨论出解决方案后，幼儿再一次尝试走“草龙飞过亭子”的路段。这次，他们特别注意出入亭子时举草龙的高度，终于平稳地通过了这段路线。

问题二：草龙“飞”过跑道时，有人摔倒了。

到了草龙“飞”过跑道的路段，幼儿兴奋地拿着草龙快跑了起来，不一会儿，草龙的龙身挤到了一块儿，皓皓和慧慧不慎摔倒了。

皓皓：你们跑太快了，等等我们呀！
慧慧：你们快停下来，龙尾掉地上啦！

前面的幼儿听到后，赶紧停下脚步。

皓皓：琪琪，你跑太快了，我们都跟不上，摔倒了。你可不可以慢一点呢？这样我和慧慧就能跟上了。

琪琪：不是我跑太快了，是前面拿龙头的宇宇，我要跟上他才行。

宇宇：不是这样的，我拿着的龙头要去咬龙珠。现在这样，我都没有咬到龙珠呢。

果果：那我们大家都慢一点，不要跑那么快，这样就不会有小朋友摔倒了，我们再试一次吧！

听完果果的建议，幼儿振作精神，重新握起珠珠草龙，返回到跑道的起点，准备再次挑战。

幼儿继续尝试

再次挑战时，情况依旧不乐观，同样的问题再次出现。刚开始走的时候，大家配合得挺好，但快到终点的时候，龙尾就跟不上了。

拿着龙珠的萍萍鼓励说："我们就是没走好，这次我再慢一点，我们多试几次肯定能成功。"

幼儿并未因此气馁，在反复练习了3次后，队伍终于步伐一致，顺利让珠珠草龙在跑道上"飞"起来了。

问题三：如何顺利通过防晒网？

在过防晒网的时候，珠珠草龙的部分身体卡在了防晒网上。对此，老师没有立即干预，而是将问题抛回给幼儿："防晒网有什么特点呢？要怎么样才能顺利通过呢？"

草龙被卡住了

果果：防晒网矮矮的，是网状的。

萍萍：我没有卡住，因为过防晒网的时候我蹲下来走了。

宇宇：我也蹲了呀，为什么龙头还是卡住了呢？

一一：是不是我们把珠珠草龙举得太高了？

皓皓：我知道了，因为萍萍的龙珠是平滑的，但我举的龙头有长长的角和尖尖的牙齿，容易被卡住。

老师：那要怎样才能解决这个问题呢？

皓皓：是不是我比草龙高就可以了，这样网就被我隔开了。

幼儿结合场地的特点，重新设计了珠珠草龙过防晒网时的动作。

在经过防晒网的时候有两种动作可以选择：一是将身体蹲低，草龙举得更低；二是稍微蹲低身体，将草龙侧举放在自己的左手边或者右手边。

经过调整，当幼儿再次穿过防晒网的时候，珠珠草龙顺利通过了，没有再次出现卡住的情况。

草龙顺利通过防晒网路段

2. 游戏再体验

经过第一次尝试后，幼儿积极反思并解决了遇到的问题，然后满怀信心地进行了第二次体验。

游戏再体验视频

在体验的过程中，幼儿又遇到了不同的困难和挑战。

慧慧：好累啊，我流了好多汗。

琪琪：我的手臂好酸，我不想拿了，这个龙头太重了。

果果：跑直线的时候，我就累了。

老师：如何能轻松地走完所有的路线呢？大家有什么好办法吗？

幼儿围坐在一起，展开了热烈的讨论，他们积极分享自己的体验和感受，试图找出问题的症结所在，但久久没有想出解决方案。

看着幼儿如此投入，老师引导他们说：“如果我们自己解决不了问题，是否可以考虑寻求他人的帮助呢?”这个建议让幼儿豁然开朗，他们纷纷开始发表自己的想法。

最终，幼儿一致认可两个解决方案：一是寻找帮手，以分担体力上的压力；二是寻找精神动力，以鼓舞团队的士气和信心。

方案一：请帮手

果果：我累的时候，我可以请小晓帮我拿吗？她是我的好朋友。

皓皓：我的龙头最重，我想让开开帮我拿。

琪琪：我想让老师跟我一起拿。

幼儿高兴地回到教室，老师鼓励他们根据自己的想法，开始找自己的帮手。有的找自己的好朋友，有的找他们认为的班里最有力气的人。在大家努力下，他们成功找到了6个小帮手。

幼儿请帮手

方案二：打鼓助威

在寻找精神动力方面，果果提议用打鼓的方式给大家加油鼓劲。

琪琪：可以让东东打鼓，我看见他爸爸教过他。

果果：我们可以让袁老师打鼓吗？上次我们玩抢粽粑游戏，听到鼓声就感觉变得很有力气。

慧慧：哪里有鼓呢？

皓皓：园长妈妈办公室门口有，我们做早操的大鼓就放在那里。

幼儿向老师提出想法后，老师就鼓励他们去邀请袁老师。在幼儿的盛情邀请下，袁老师非常开心地答应了他们的请求，并和幼儿一起去拿鼓。

幼儿和袁老师一起找鼓

3. 游戏终体验

在所有的问题都解决后，幼儿决定再进行一次完整的体验。这一次，他们带着珠珠草龙、小帮手和大鼓来到了场地上。老师提醒幼儿在之前失误的地方要特别小心，注意团队合作，发挥出最好的水平。

于是，游戏再次开始，幼儿带着新的决心和策略，开始了他们的最终体验。

表 3-2　游戏终体验记录表

序号	游戏路线	现场照片
1	草龙绕圆圈	
2	草龙飞过亭子	
3	草龙飞过跑道	

续表

4	草龙绕柱子	
5	草龙穿过防晒网	
6	草龙爬楼梯飞连廊	

这一次，幼儿还加入了舞龙的动作，比如飞过跑道时加入了游龙的动作；在过亭子时加入了摆尾的动作，展现了龙的灵动之美；在走直线时加入了甩的动作，让龙更加栩栩如生。

游戏终体验视频

教师思考

在幼儿游戏的过程中，老师的指导和支持策略还有待改进：一是对活动过程中的一些细节和有价值的地方记录不够充分，比如在每次解决问题的过程中，幼儿之间都有一些有意思、有价值的对话，以及游戏结束后，老师和幼儿一起回忆、反思时的精彩语录，这些内容都能带给老师更多的思考，但老师未能完全记录下来。二是因不能面面俱到而只能做出取舍，所以无意中忽略了一些课程设计，比如可以融入更多的舞龙特有的动作，将其与游戏有效地融合。

三、课程价值

（一）注重文化环境的创设，凸显民族文化的教育价值

以广西仫佬族的舞草龙为切入点，老师们在课程中融入了民族文化的教育元素。通过引导幼儿讨论草龙、绘制舞草龙路线、体验舞草龙等环节，将民族文化渗透在幼儿园环境中，让幼儿在日常生活环境中体验和了解仫佬族习俗文化，促使幼儿了解家乡文化，热爱家乡，实现环境与文化双重育人的目标，凸显民族文化的重要教育价值。

（二）融合幼儿体育锻炼，推进健康中国建设

由于幼儿的兴趣、经验、需要都不尽相同，老师要不断丰富锻炼形式，以激发幼儿对体育锻炼的兴趣。因此，老师通过创新设计了“珠珠草龙‘飞’起来啦”的自主游戏活动，幼儿可以充分进行跑、跳、走、爬等大肌肉群的体育锻炼，提升他们的跑步技巧、平衡感、手腕控制能力、动作灵敏度以及方向感，增强幼儿的运动空间感。将民族文化活动与幼儿体育锻炼有机结合，这不仅有助于幼儿体质的增强，也是对“健康中国2030”战略的积极响应与实践。

（三）落实幼儿为本的教育理念，支持幼儿的个性化发展

在这个活动中，老师始终扮演着支持者的角色，始终坚持儿童为本位的教育理念，但老师不是一味地缺位。老师的适时介入，也是帮助幼儿进行主动学习必不可少的环节。所以，在幼儿不需要帮助的时候，老师静静地在一旁观察，给他们充足的时间去思考、讨论和尝试；而在幼儿需要帮助的时候，又会通过鼓励、提供建议等方式引导他们进行反思。在这个过程中，无论是独立思考，还是与同伴、老师交流，幼儿都是在主动学习。

以幼儿的兴趣为出发点，以助其建构知识与经验为目标，在解决问题的过程中，每个幼儿都能在活动中展现自己的兴趣点、个性特质和发展需求。在老师的有效支持和引导下，幼儿得以成长并实现个性化发展。这种教育方式不仅锻炼了幼儿的表达能力、探究能力和合作能力，还培养了幼儿主动、坚持和专注的学习品质。

这一路走来，幼儿经历了成功与失败、喜悦与挑战，这样的活动不仅丰富了幼儿的学习体验，也为民族传统文化的传承播下了种子。期待这些种子在幼儿心中生根发芽，茁壮成长。

第四章

民族文学文化资源融入课程的实践

河池的民族文学承载着民族的历史记忆、价值观念和精神追求。它们不仅是幼儿童年时光的美好陪伴，更是幼儿成长道路上的良师益友。神秘的山川传说、独特的民俗风情、勇敢的英雄人物，这些元素能够极大地激发幼儿的好奇心和探索欲。在听故事、讲故事、演故事的过程中，幼儿能够潜移默化地吸收智慧和道德观念，形成积极向上的人生观和价值体系。

骑飞马的人
——探寻英雄莫一大王

大班 孙丽华 黄尹麒 丁捷

一、缘起

在探索河池地区民族文化融入幼儿园课程的背景下，老师引导幼儿探寻身边的民间文学作品，了解故乡源远流长的人文情怀，这也成了我园教育的重要一环。

基于此，老师根据大班幼儿的兴趣特点和年龄特征，在阅读区投放了一些连环画。其中，一本名为《骑飞马的人》的黑白连环画引起了幼儿的兴趣，引发了他们关于“飞马”的热烈讨论。

莹莹：马会飞吗?

琪琪：我知道马会跑。

乐乐：可能是跑得太快了，像飞一样。

莹莹：“骑飞马的人”是不是英雄?

乐乐：他为什么叫莫一大王?

露希：莫一大王肯定是个大英雄。

幼儿阅读《骑飞马的人》

在中华民族上下五千年历史文化中，每个时代的人们都崇尚英雄，敬仰英雄。在幼儿的讨论中，老师发现大班幼儿对英雄有着强烈的向往和探究兴趣。为了抓住这一教育契机，老师根据幼儿的讨论，梳理出了4个适合大班幼儿的活动，并设计了主题网络图。

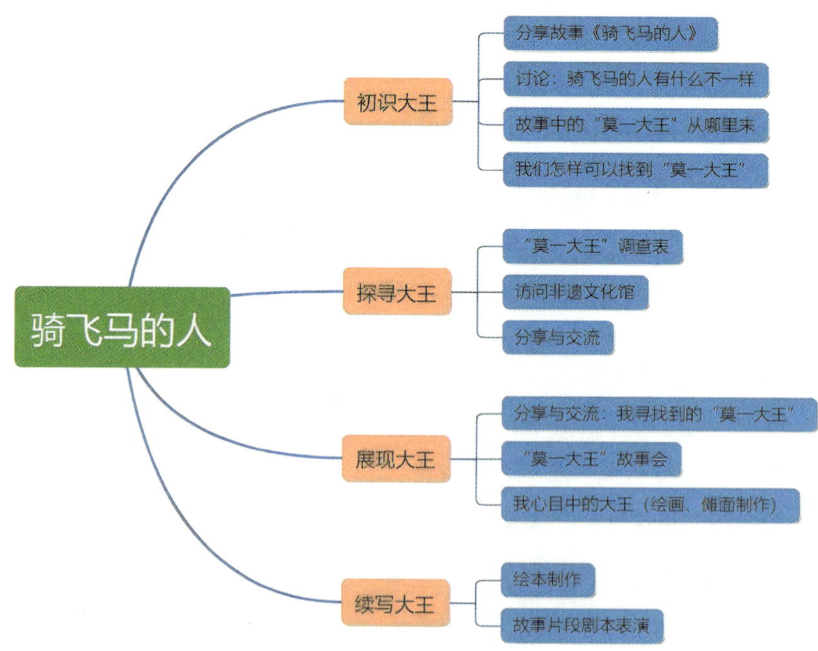

“骑飞马的人”主题网络图

老师们期待这些活动可以帮助和鼓励幼儿通过多渠道探寻关于“莫一大王”的神奇有趣的故事，从中感受民族神话故事的魅力，从而激发和培养幼儿的勇敢品质。

二、传承进行时

（一）初识大王

在晨谈时，幼儿分享了他们在阅读区看到的《骑飞马的人》连环画，并表达了对“莫一大王”的初步认识，也有个别幼儿表示自己对“莫一大王”有些印象，好像听家里人说起过。

为了让更多的幼儿对“莫一大王”有所了解，老师组织了一次集体教学的语言活动——“骑飞马的人”。在这次活动中，老师精心准备了《莫一大王》纪录片的片段视频和“骑飞马的人”系列连环画册作为教学材料。

“骑飞马的人”系列连环画册

活动开始，老师创设情境导入：“在昨天的回顾环节，彤彤和敏敏在阅读区里认识了一个壮族英雄，大家猜猜是谁呢？”

幼儿齐声回答：“莫一大王！”

老师微笑着说：“没错，就是莫一大王。现在，老师为大家带来了关于莫一大王的纪录片，我们一起来欣赏吧。”

幼儿观看《莫一大王》纪录片

观看结束后，老师向幼儿分享：“除了莫一大王，还有莫二、莫三、莫四、莫五大王，其中莫一大王最为英勇。纪录片中出现的师公唱经书的场景，是传播莫一大王故事的主要形式。”

紧接着，老师用投影仪投屏展示《骑飞马的人》连环画，并生动讲述了其中的内容，老师还通过阶段性的提问，引导幼儿分享自己最喜欢的内容。

老师提问：“你们觉得骑飞马的人是个什么样的人？故事中哪些情节让你觉得神奇？为什么会觉得神奇？”

幼儿在短暂的讨论后，纷纷发表了自己的想法。

浩浩：莫一大王出生时出现了两条龙，这也太帅了吧！

小美：我周末会去武术馆学武，可难了。莫一大王能在葡萄架上练武功，好厉害！

珂珂：幼儿园门口的六桥通车了，桥是用水泥和柏油做的，而莫一大王架的桥竟然是用白布。

乐乐：我发现莫一大王爸爸变成神牛了。

老师最后总结道："这是一个源自民间的传说故事。莫一大王被视为民族英雄，深受劳动人民喜爱。人们用美好的愿望和想象来描绘他，将他塑造成一个神话般的人物，因此他拥有了超凡的能力。"

教师思考

幼儿期是语言发展的重要时期，尤其是口语的发展。幼儿的语言能力是在交流和应用的过程中发展起来的。老师应当多多鼓励和支持幼儿的语言发展，为幼儿提供更多交流和表达的机会，让幼儿在轻松愉快的氛围中不断提升自己的语言能力。

（二）探寻大王

根据幼儿的兴趣，老师特别设计了一份"莫一大王"调查表。调查内容包括莫一大王的故事以及莫一大王节的日期和习俗，需要家长和幼儿一同制作，引导幼儿用讲述、绘画或简单文字的方式记录调查结果。

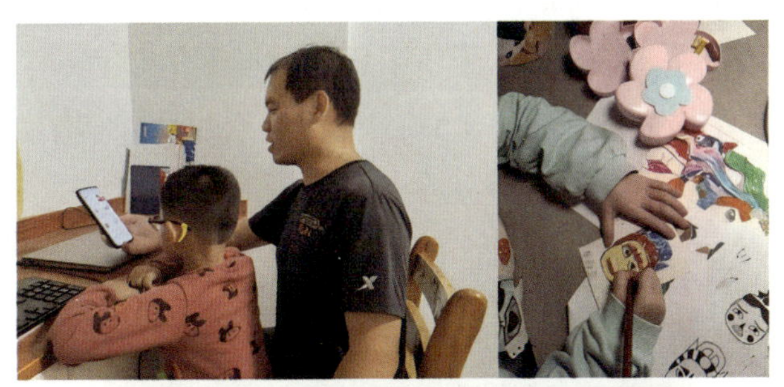

亲子调查过程

幼儿完成调查表后，老师特意组织了一次集中的分享活动。老师通过投影仪展示了幼儿带回的调查表，并热情鼓励那些完成度高、有表达欲望的幼儿上台分享自己的成果。在这次分享中，幼儿纷纷畅谈了自己在调查过程中学到的知识和遇到的有趣事情。

幼儿上台分享调查结果

在分享中，老师发现幼儿完成调查表的途径多种多样，方法不一：有的幼儿通过电脑认真地查找关于莫一大王的知识，并表示用搜索平台查找图片非常方便；有的幼儿分享了用手机搜索的过程，并表示手机查找很便捷，也可以作为学习的工具；有的幼儿则是分享了奶奶讲述的河池人过莫一大王节的习俗。

幼儿能运用生活中的人和工具作为学习知识的途径，掌握多种自主学习的方法，不再是依赖于老师的教授，为后期开展的探索活动奠定了良好的前期经验。

（三）描绘大王

在幼儿初步了解了莫一大王故事的前提下，老师准备了足量的勾线笔、彩笔、画纸等材料，组织幼儿进行了一场以“古老英雄”为主题的艺术活动。

随着歌曲《古老英雄》的音乐声响起，活动开始。歌词描述的是莫一大王的伟大事迹，幼儿仿佛看到了莫一大王手持长剑、身披铠甲的威武形象，幼儿被深深吸引，他们的眼中闪烁着对英雄的崇拜和感恩之情。

在壮乡代代相传的山歌中
唱着一个古老古老的英雄
他的故事在火塘边传诵
他是千村万寨的古老英雄
什么叫力大无穷
看莫一大王把千斤巨石轻轻舞动
什么叫广大神通
看莫一大王用雨伞扎出山洞
他挑着大山去填海
他踏着彩虹飞上天空
皇帝杀不死的莫一大王
他浴血反抗无比英雄
除暴安良他为民造福
呼唤我民族万代雄风
——《古老英雄》的歌词

基于歌词内容和幼儿已有的经验，老师引导幼儿大胆描绘自己心目中的莫一大王。幼儿纷纷拿起画笔，他们的小手指在纸上轻轻滑过，留下了充满想象的线条。

有的幼儿画出了莫一大王手持弓箭的英勇姿态，有的则描绘了他身披铠甲的威武形象。

幼儿心目中的莫一大王

活动结束后，老师将幼儿的作品展示在了教室内。每一幅画都是独一无二的，每一笔、每一画都充满了幼儿对莫一大王的敬仰与喜爱。看着幼儿投入的身影和一幅幅生动的画作，老师们不禁感叹：这就是艺术的魅力，它能激发幼儿的想象力，让他们在创作中感受美、表达爱。

（四）续写大王

在“初识大王”的集中分享过程中，有一个特别的道具引起了大家的注意，那是幼儿与家长一起制作的莫一大王傩面具。

在做区域活动计划时，老师无意间听到了乐乐那一组的热烈讨论。

乐乐兴奋地表示：“我可以戴莫一大王的傩面具吗？我力气大，我想要表演莫一大王打败皇帝。”他的话语立刻引起了同伴们的共鸣。

美美热情地提议："你需要音乐鼓劲加油吗？我打鼓不错哦！"

熙熙也不甘示弱地说："我可以用手铃为你们伴奏。"

而旭旭更是大笑起来："哈哈，那我来和你打架，我做皇帝吧。"

幼儿的创意和热情让老师深感惊喜。幼儿根据讨论内容制订了区域活动计划，并依据计划进行了明确的分工。随后，幼儿积极投入"莫一大王大战皇帝"的角色扮演中，展开了一场紧张而激烈的"战斗"。

幼儿表演"莫一大王大战皇帝"

看着幼儿全身心地投入表演中，老师感受到了幼儿对莫一大王故事的热爱，以及他们展现出来的创造力。这种角色扮演的表演方式，不仅让幼儿更加深入地了解了莫一大王的故事，还锻炼了幼儿的合作与表达能力。

三、课程价值

（一）民间故事与幼儿语言发展的完美融合

幼儿期是语言发展的重要时期，尤其是口语的发展。在《指南》中指出，"幼儿的语言能力是在交流和运用的过程中发展起来的。"幼儿教育者应当为幼儿提供更多交流和表达的机会，鼓励和支持幼儿的语言发展，让他们在轻松、自由的氛围中不断提高自己的语言能力。

民间故事充满了神话色彩，莫一大王的故事情节深得幼儿的喜爱，他们常常会反复阅读并热烈讨论。民间故事中的丰富词汇、生动的情节和多样的表达方式，为幼儿提供了语言学习的良好素材。通过模仿、复述、讨论和分享等活动，幼儿开始学会从不同角度思考问题，提出自己的见解，这不仅提高了他们的口语表达能力，还增强了他们思维的逻辑性和连贯性。

总结来说，本次活动是一次民间故事与幼儿语言发展完美融合的实践。它充分展现了民间故事在幼儿语言教育中的独特价值，为今后的教育活动提供了宝贵的经验和启示。老师们相信，在未来的民族文化园本课程实践中，民间故事将继续发挥其重要作用，为幼儿的语言发展注入更多活力和内涵。

（二）探索民间故事，激发幼儿的想象力与创造力

民间故事作为一种独特的文化资源，对于激发幼儿的想象力与创造力具有不可替代的作用。民间故事对于幼儿来说，既神秘莫测又充满吸引力，特别是那些超自然的故事情境，例如“树叶飞向皇宫”“白布搭建桥梁”以及“爸爸变身为牛”的奇幻情节和神秘元素，总能够激发幼儿的好奇心和探究欲。

老师通过组织讨论、调查、谈话等活动，让幼儿主动提出问题，在寻求答案的过程中深入探索故事情节，逐渐理解神话故事夸张的表现手法。这不仅能帮助幼儿更好地理解故事，还能激发幼儿的想象力和创造力。

（三）通过多元化的学习体验，深入理解民间故事的文化内涵

在师幼互动方面，老师是幼儿的支持者。当幼儿对某个故事产生浓厚兴趣时，老师应当及时介入，鼓励和引导幼儿通过多途径去探索和发

现，如通过网络搜索、实地寻找、图片收集、角色扮演、绘本制作等多元化的学习方式，让幼儿能够直接感知和体验家乡的民族文化，理解神话人物的特点和情感，从而深入了解民间故事的文化内涵。这不仅有助于幼儿形成积极的人生态度和正确的价值观，还能增强他们对家乡民族文化的热爱之情。

（四）民族文化传承、教育与保护的三重使命

据民国八年（1919）编纂的《河池县志》记载，莫一大王为当时河池县兰江里公华村（即现在的河池市金城江区河池镇水任村公华屯）人。在课程开始前，老师们到公华屯进行采风，期待能够更深入地了解河池的文化底蕴，为幼儿带来更加真实、生动的课程内容。然而，遗憾的是，如今这里已没有了莫一大王的史料。老师们询问了当地人，得知原本那里是有一块石碑记载着莫一大王的故事，但后来遭到了破坏。

河池地区拥有丰富的民族文化，但随着时间的推移，一些文化元素正在逐渐消失。民族文化是需要传承和保护的，相关部门已经着手整理和宣传莫一大王的文化。相信在不久的将来，莫一大王的故事会有更全面的呈现。

不同的风景，拓宽学习的视窗；不同的体验，浇灌心灵的成长。作为教育工作者，我园老师有责任和义务将宝贵的民族文化传承下去，让更多的人了解和认识民族文化。因此，老师们鼓励和支持幼儿及家长积极参与民族文化活动，并将民族文化融入幼儿教育，让幼儿深入感受民族文化的丰富多彩和独特魅力，激发他们热爱家乡和祖国的美好情感。同时，老师们还应该加强对传统民族文化的保护和宣传工作，让更多的人认识民族文化传承的重要性。只有这样，传统民族文化才能延续和发扬光大。我园师幼和莫一大王的故事未完待续……

附：莫一大王民间传说

第一则：贡瓦夜来龙

在遥远的远古，地球上有个十万大山的地方，因为山一座连着一座，数都数不清，所以叫“十万大山”。群山之中有个叫贡瓦的小山村，只有几间茅草屋，破破烂烂，人们生活很穷苦。

三月初三夜晚，星星闪烁高空，瑞气祥云把山村笼罩，天庭高挂着道道彩虹。一道红光闪亮，飞来一条火龙，一个轻盈的翻滚，消失在山村的茅棚。接着，就有一个男孩出生。他刚落地就会叫妈妈。消息传出，大家都前来祝贺，前三天，后三天。这个孩子就是后来传说中的英雄“莫一大王”。

第二则：深潭寻父遇神牛

从前，广西南丹州（今南丹、河池一带）有个丧父的男孩，和人家在一起放牛的时候，常常受人欺负。有一次，他和邻村的小孩打架，被人骂“野仔”，便哭着跑回家来向他的母亲要爸爸。他母亲一听，眼泪像黄豆一样滚下来。

原来，小孩的爸爸本是这一带村寨的头人。只因壮人生性强悍，皇帝怕他们造反，不好治理，就想了一个坏主意，以违抗圣旨为由把他爸爸斩首，把尸首丢到一个深潭里去了。男孩听了，便去寻找爸爸，到了深潭那里。附近老百姓都来劝他，说：“这深潭和海底相通，经常有海里的犀牛出现，想要下深潭，只怕是有去无回，还是不去的好。”但男孩还是鼓起勇气跳进了深潭。

开始，潭里的水绿盈盈的，越往深处，水也越黑越凉。等钻到潭底，黑咕隆咚，伸手不见五指。突然他发现远处有一点点闪光，就朝着那闪光的地方游过去。原来这水底也有岩洞，洞里住着一只神牛。那闪闪发光的东西，是那只神牛耍弄的一颗珠子。

神牛见男孩游过来，便说起话来："孩子，我就是你的父亲，我如今已经变成了牛，不能回去和你们一起生活了。我把这颗珠子送给你，你拿回家去和乡亲们一起生活吧。"男孩对神牛说："自己长这么大，还没有名字呢。"神牛说："你是牛的儿子，就叫哞一（莫一）吧。"

莫一拿到珠子很高兴，谁知一不小心，这颗珠子跳进他嘴巴，滑进肚子里去了。莫一顿时觉得浑身发热，四肢充满了力气，两脚一蹬，便浮出水面，再一蹬，便跳到潭边的山顶上了。从此，他变成了一个力大无比的人。

第三则：葡萄架上练武功

莫一大王力气很大。他可以舞弄四百斤重的大刀，拉动三百斤重的硬弓，射四十斤重的箭。

莫一大王家的门口种了一株大葡萄，葡萄藤攀过三十六山头。莫一大王就在这葡萄藤上跑马、射箭。有一次，他不小心射了一箭，把葡萄叶纷纷射落下来。有一片叶子竟飘哇飘，落到京城的王宫里。皇帝找国师来问："哪里来这么大的葡萄叶子？"国师一打听，知道南丹州出了个莫一大王，皇帝便要派兵征剿。莫一大王并不害怕，想了各种办法来对付朝廷。

第四则：流水岩

河池街前有一条清澈见底的小河，河水终日汩汩地流着。沿着这条小河逆流而上，翻过三道坡，越过三道岭，突然听到阵阵"哗啦啦、轰隆隆"的响声。循声而去，再穿过一道峡谷，一座高不见顶的大石山突然横在眼前。山的正面是斧劈刀削似的悬崖峭壁。距地面十几丈高的石壁中间有一个大岩洞，一股巨大的泉水从洞中涌出，飞泻而下，冲击山脚的石头，发出震耳欲聋的响声。这就是河池有名的流水岩。传说这流水岩是莫一大王一箭射成的。

那一年，河池连续八八六十四天没有下一滴雨，泥土干得冒烟，石头干得出火，树木干得光剩一把枯枝，庄稼干得像把干草，连林中的小鸟也飞走了。村民天天求神仙，拜龙王，可是天上连片巴掌大的云也找不到。太阳每天都像一个大火炉挂在天上，喷出灼人热浪，烘烤着大地。供全村人吃用的最后一口井也干涸了，大家都急得团团转。

这天中午，正是太阳最热最毒的时候，一位白发老人拄着拐棍向他们这个村子走来。刚到村边，老人突然昏倒在路上，大家看见了，急忙跑过去，把他扶到房子里。只见老人双目紧闭，因干渴而裂开的嘴唇微微翕动着，断断续续地说："水……水……"

这家主人把全家仅剩的一碗水端来，一口一口地喂给老人。喂完最后一口水，老人苏醒过来，他望了大家一眼，然后自言自语地说："西山水，南山人。"说完飘然而去。"西山水？难道西山有水？"大家又高兴又怀疑，决定到西山碰碰运气。他们翻过三道坡，越过三重岭，穿过一个峡谷，来到这座又高又陡的石山前。但这里也是草枯树死，到处灰蒙蒙、光秃秃，哪有水的影子？

突然，一个小伙子惊呼："水！水！"大家顺着他手指的方向望去，只见石壁上有一棵青枝绿叶的小树。有树就有水，有水树才长，那长着小树的石壁下可能就有水。大家砍来四六二十四根刺竹，割来三四一十二根山藤。把二十四根刺竹接起来，竖着搭成梯子上去，刚好架到那棵小树下。一个小伙子顺着竹梯爬上去，他看见，这棵小树是从石壁上一条细细的石缝里长出来，小树下的石壁湿漉漉的。他把耳朵贴着石壁一听，啊！石壁里是哗哗哗的流水声。小伙子高兴极了，急忙爬下竹梯，大声喊道："水！水！有水！"可是，水是在石壁里的，石壁是一块连一条石缝也没有的大石板。这水听得见，看不着，要不了啊！"有办法了！有办法了！"那个首先发现小树的小伙子说，"刚才白发老人不是说'西山水，南山人'吗？我们在西找到了水，能够取水的人就在南山。南山贡瓦村有个神通广大的莫一，老人所说的南山人，莫不就是他？”大家都觉得有理，就叫小伙子快到贡瓦村找莫一。不一会儿，小伙子领着莫一赶来了。这莫一生得臂粗腰圆，个子高，力气大。他五岁开始练武，七岁就能举起五百斤的巨石。他能举起四百斤重的刀，能拉三百斤重的弓，而且射得又准又狠。说到准，天上飞过的鸟群，他要射哪一只，哪只鸟必落；说到狠，百步之外的大岩石，他一箭射去，箭头能从石头的另一边穿出来。大家高兴地把莫一围起来。莫一安慰了大家一番，就认真打量眼前的石壁，然后对大家说："大家站远一点，让我来试试看吧！"

莫一往后退了几十步，选好位置站定，然后从肩上取下弓，从箭袋里抽出一支箭。他拈弓搭箭，对准石壁中腰射去，只见火花四溅，浓烟滚滚。接着，"轰隆"一声巨响，犹如山崩地裂，地动山摇。待浓烟散去，就见石壁中间露出一间房子那般大的一个岩洞，一股巨大的泉水从洞中涌出，泻下石壁，流进河里。河水流进干裂的土地，庄稼长出了新叶，树木长出了嫩苗，草地开遍了鲜花，树林里又传来了小鸟的歌声。万物复苏了，全村得救了，大家围着莫一唱啊，跳啊，一直唱了三天三夜。

从此，不论春夏秋冬，严寒酷暑，这岩洞里的流水终年不断。此后，人们把这岩洞取名"流水岩"。

让“子弹”飞一会儿

——不再做判官老师

丁　捷

幼儿园老师每天都被许多繁杂的事情缠绕，而我最感头疼的，莫过于每日处理幼儿间鸡毛蒜皮的小矛盾。

那天，区域活动如往常一样开始了。幼儿兴高采烈地进入各自喜欢的区域玩耍，我则在编织区补充毛线、绣绷等材料，准备为已拿到材料的幼儿讲解编织技巧。

突然，材料区那边传来喧闹声，许多幼儿被吸引，纷纷放下手中的事情围观。今今紧张地跑过来跟我说：“涵涵在抢童童的东西。”

我心里一沉，心想：啊！又是这个涵涵，最爱抢东西了，他这次会抢童童的什么东西呢？他们今天玩的游戏是莫一大王骑飞马，游戏计划都做好了，还有什么要抢的？涵涵遇到事情容易冲动，说不定这时候已经动手了。

我一边心绪翻涌地预判这个事情的过程和结果，一边放下手头的工作，前往材料区。

面对这种局面，我通常不得不扮演“判官”的角色，用我简单的标准作为“尺子”量一量幼儿的行为。在这个标准里，有过错的幼儿就需要承担犯错的责任。周围的老师也都是这样处理的，大家每天要断无数的“案子”。然而，这样的处理方式往往治标不治本：老师只是简单地评判对错，然后批评犯错的幼儿，幼儿失去了表达的机会，老师也失去了了解事情全貌的机会。

当我走到涵涵和童童身边时，看到他们正用力拉扯莫一大王的斗篷，嘴里都喊着：“是我先拿到的。”涵涵还用身体去挤推童童。童童个子小，站立不稳，带着哭声喊叫，但双手还是紧紧抓着斗篷不放。我立即上前，拉住两人，制止他们继续争抢。其他围观的幼儿也在我的示意下逐渐散去。

我定了定神，深深吸一口气，问道："涵涵想当莫一大王，童童也想当莫一大王，对吗？"两人都点了点头。我让他们先松开斗篷。童童很快松手了。涵涵犹豫了一下，也松开了手。

这个时候，我突然意识到，按以往的处理方式可能并不是最佳的选择。因此，我决定改变策略，让"子弹"飞一会儿，给幼儿一个自我表达和解决问题的机会。

我拉了一张凳子坐下来，让涵涵和童童两人面对面地站在我面前。我耐心地听他们讲述自己的想法和感受。

我问涵涵："你为什么喜欢当莫一大王啊？"涵涵回答说："莫一大王可以穿那件衣服，可以骑飞马赶跑小偷。"接着，我又转向童童，他告诉我："昨天是涵涵当的莫一大王，今天的计划表上面，轮到我做大王了。"涵涵补充说："可是昨天我还没有抓到小偷，时间就到了，我都没玩够。"

我轻轻点头，表示理解他们的心情。然后，我搬来两张小椅子，让俩人分别坐下，开始引导他们思考解决方案。

我说："那我们现在要一起想想办法，涵涵还想再当一次莫一大王，可是今天轮到童童当大王。涵涵，你想当大王，不可以抢，你要跟童童商量。刚才你问童童了吗？"我转向童童，询问他涵涵是否征求过他的意见，童童摇了摇头。

如果按照往常，这时候我可能会直接批评涵涵了，可我还想再磨一磨，不想简单了事。我问涵涵："你需要老师帮你问童童吗？"涵涵有点茫然，没作声。我再次重复了问题，这次涵涵明白了我的意思，他点点头，希望我能帮他问童童。

于是，我模仿涵涵的语气问童童："童童，涵涵还想当一次大王，他想穿上大王的衣服转一圈，然后就把斗篷还给你，行吗？"

我想着涵涵之前提到的两个心愿，第一个就是穿那件斗篷，第二个就是骑飞马抓小偷，满足他第一个心愿也用不了多长时间。只要童童同意给涵涵一点时间，涵涵的情绪稳定下来后，俩人的紧张关系也能随之缓和下来，可以再好好沟通，讨论出其他的解决方案。

童童想了想，最终同意了我的提议。我轻轻推了推涵涵，说："童童同意给你穿一下斗篷，你是不是要说谢谢呢?"涵涵赶紧说谢谢，然后童童帮他穿上了斗篷。涵涵没有被老师批评，反而达成了自己穿斗篷的机会，还表达了自己的感受，他的情绪不再激动。

在帮涵涵穿斗篷的过程中，童童没拿稳，斗篷掉到了地上。俩人见状，都弯腰去捡，却意外地让头碰在了一起。这突如其来的小插曲让俩人相视而笑，紧接着又嘻嘻哈哈地玩了起来。这轻松愉快的氛围让之前的紧张情绪一扫而空，幼儿重新沉浸在游戏的欢乐之中。

自那以后，虽然涵涵偶尔还是会因为情绪激动而想要用争抢或推打的方式来表达自己的意愿，但我已经有了处理这类问题的经验，我不再感到烦乱和无措，而是有了更明确的策略。

在幼儿情绪冲动的时候，我首先是管理好自己的情绪。只有老师保持情绪稳定，才不会因为烦躁去责骂幼儿，从而避免幼儿的负面情绪进一步升级。接着，我会接纳并安抚幼儿的情绪，引导他用清晰的语言表达自己的内心想法。当幼儿能够表达出自己的感受和想法时，他的情绪就不再像高压锅一样压力值突然上升到不可控的地步。当需求被看见，情绪得到表达，所有的争执都会在和谐的商量氛围中得到解决。

让"子弹"飞一会儿，并不是放任幼儿的矛盾与冲突不管，而是给他们一个自我反思和解决问题的空间。在这个过程中，幼儿不仅能够学会如何与人相处，还能够培养出解决问题的能力和自信心。

作为老师，我们不应该总是急于给出答案或解决问题的方案，而是应该珍惜这样的教育机会，用耐心和理解来引导幼儿。我们应该相信他们有能力自己解决问题，而不是一味地用成人的标准来评判他们的行为。

此外，我还发现，积极的师幼互动不仅能让幼儿心情愉悦，促进他们身心和谐发展，也能促进老师自身的成长。当老师能够退后一步、让“子弹”飞一会儿时，老师可以观察到幼儿解决问题的过程和方式，了解他们的思维方式和性格特点。这些观察不仅有助于老师更好地指导幼儿的成长，还能促进老师自身的专业发展和成长。

让“子弹”飞一会儿，不仅是一种教育策略，更是一种教育艺术。它需要老师具备足够的耐心和理解，也需要老师敢于放手让幼儿去尝试和探索。只有这样，老师才能真正地培养出具有独立思考和解决问题能力的幼儿，也才能让幼儿在成长的道路上更加自信和坚定。

第五章

民族技艺文化资源融入课程的实践

河池地区民族技艺资源丰富，如仫佬族的背带绣、壮族的鸭把、毛南族的花竹帽编织、土布染制等技艺根植于日常，承载着河池乃至广西独特的民族记忆。通过亲手操作、亲身体验，幼儿不仅能掌握技艺的基本要领，更能深刻理解这些技艺背后蕴含的文化内涵与人民的智慧，从而感受到对自然与生活的无限热爱。

课程故事 9

“编”玩“编”乐

中班　陈丹　黄艳妮　韩冬　罗丽丹

一、缘起

在园本课程“非遗文化毛南族分龙节进校园”的活动中，妈妈们表演的毛南族顶卡花（花竹帽）舞蹈引起了幼儿的兴趣。

妈妈们表演花竹帽舞蹈

舞蹈中会转圈的花竹帽道具，有的挂着亮晶晶的吊饰，有的绣有花草图案，深深地吸引了观众的目光。幼儿热烈地讨论了起来：“哇，花竹帽真好看。”“我们的教室（民族功能室）也有。”“那个帽子是坏的（花竹帽编织半成品），不能戴。”

“花竹帽是用竹子编的。”擅长手工的雅澜的话激起了大家的好奇心。

曦雯：竹子编是什么呀？
新晴：就是这样扭来扭去地编呀。
周栩：妈妈装水果的篮子也是编的。
丰年：我们三月三的鸡蛋笼是用毛线编的。
泽霏：我们班挂在墙上的那个网也是。
谦谦：幼儿园的足球场有个好大好大的网呀。
彬彬：在哪里？我没有见过呢。
淑冉：哎呀，幼儿园的攀爬架和空中隧道是编的，我们一起去看看吧。

编织精美的花竹帽引起了幼儿对编织的好奇，激发了他们寻找、发现更多编织品的欲望。那么，老师是不是可以顺应幼儿的想法，让幼儿去寻找生活中的编织物呢？或许，这样的探索活动能激发幼儿对编织的兴趣，继而让幼儿尝试从简单编织玩起，在动手操作游戏中切身感受编织的独特魅力。

于是，老师追随幼儿的兴趣点，开启了一场探索编织的奇妙之旅。

二、传承进行时

（一）幼儿园的编织藏在哪里？

带着问题，幼儿开始在幼儿园里寻找编织物品。

憬来：快看，荡桥旁边的网也是编的，好大的绳子。
力宁：我们上体育课的篮球筐也是编的。
彬彬：吊桥上的爬网也是用绳子编的。
语诺：哈哈，小菜园里韦老师用来装松果的篮子也是用竹子编的。

攀爬架上的编织

篮球架上的编织

吊桥上的编织

班级植物角的竹编

幼儿没有想到，幼儿园里藏着这么多的编织物品，编织用的材料都不一样，虽然在户外活动时经常可以见到，但他们平时都没有留意。在这次探索过程中，幼儿对编织的形状、技法、材料都有了更直观的感受和清晰的认知。

突然，冉冉兴奋地喊起来："老师，你看，我手上戴的也是编的，我姐姐给我编的。"她满脸自豪地展示着。

其他幼儿纷纷向她投去羡慕的目光，有的幼儿还忍不住表达了自己的愿望："老师，我也想要一个。""我回家也让我姐姐编一个。""老师，我想学着编一个。"

这种对编织的浓厚兴趣，在幼儿之间迅速蔓延。看到幼儿如此热衷，老师们决定顺水推舟，提议说："既然大家都这么喜欢编织，那我们就一

起动手试试吧！”这一提议立刻得到了幼儿的热烈响应。

（二）编织前要做哪些准备?

1. 查阅资料、实地调查

编织活动拉开帷幕，首先要做好哪些准备工作呢？

幼儿开始讨论：我们要用什么来编织？要编织什么东西？怎么编呢？

在这个过程中，幼儿交流起各自的想法和疑问，他们提出用绳子、毛线、竹片等材料来编东西，并设想编出杯子、项链等不同的物件。但因为每个人的想法都不一样，所以讨论了很久都没能统一意见。

这时，老师引导幼儿：“讨论不出结果，我们能寻求什么帮助呢？”

幼儿纷纷给出建议。

冉冉：我姐姐会编呀，我请她帮忙吧。

谦谦：可以请爸爸妈妈和老师帮忙。

彬彬：那要是老师和爸爸妈妈也不会呢。

懿芝：我们可以去上网找资料。

慕妍：是呀，是呀，还可以用电脑查。

于是，带着这些想法和问题，幼儿开始了“编织大调查”。他们有的回家与家长一起上网搜索关于编织的信息；有的请教家里有编织经验的长辈；善樱妈妈还带着善樱和哥哥去参观了竹编展览馆，让善樱更直观地了解编织技艺。

幼儿上网查阅资料并记录

善樱一家参观竹编展览馆

2. 分享幼儿的发现

在探索开始后的第二周，幼儿带着自己与家长共同查阅资料、实地调查的成果，兴奋地进行了分享。

他们不仅深入了解了编织的多种材料和方法，还将自己观察到的“编织”以绘画的方式表现了出来。

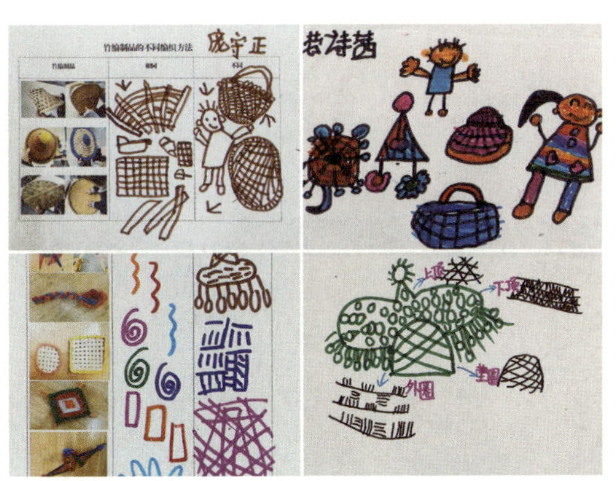

幼儿用绘画展示调查结果

守正：我找到了很多竹筐，有些洞洞很大，有些很小，用的是一挑一编法。

萱萱：是用什么编的呀？

守正：编的是那种小小的，用来装红鸡蛋的。

善樱：我和妈妈去看了花竹帽，有很多亮晶晶的装饰，很漂亮。

芊蔚：我和姐姐用扭扭棒做了一个圆形棒棒糖。

桐桐：这个我也想做，你能教教我吗？

允言：我看到了给芭比娃娃编辫子。

新晴：这个辫子我也会呀，我是用鞋带编的。

通过分享和交流，幼儿得出结论：编织有多种材料和多种编织技法，不同的材料和技法编出的物品是不同的。

3. 幼儿喜欢的编织

面对如此多样的编织材料和技法，幼儿心中充满了创作的欲望。他们用符号标记自己心仪的编织物。

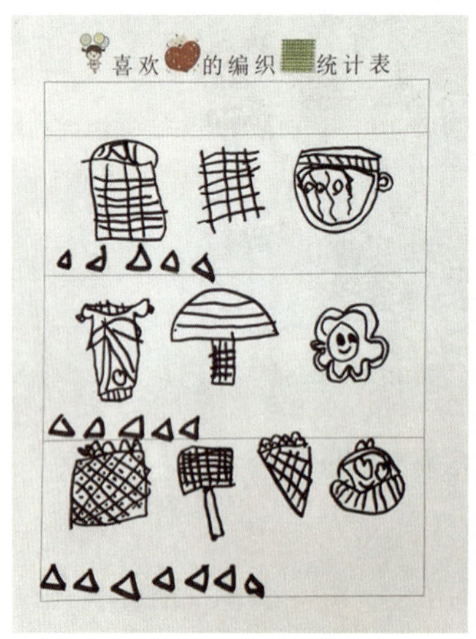

幼儿喜欢的编织统计表

通过统计表，幼儿关注到了其他同伴感兴趣的编织，学会从他人角度考虑，同时，这也为幼儿语言、社会、数学的核心经验提供了锻炼的机会。

教师思考

每个幼儿对编织的想象是不同的，探索中产生的疑问也不同，在这个过程中，老师把“怎么编？编什么？”的问题抛回给幼儿，让幼儿根据自己的实际情况开展不同的探索，以此调动幼儿探索编织的欲望，成为积极的学习者。

（三）编织进行时

1. 幼儿的编织计划

守正分享了自己的编织计划，他说：“我想和好朋友一起编一个小篓子，可以用来做花瓶。”

诗茜分享说：“我想用竹片编花竹帽，帽子上要串上很多亮片，还要一个编织飞盘。我要和我弟弟、哥哥，还有我的好朋友韦允言一起编。”

诗茜的编织计划

昊泽小朋友想编织很多物品，他说：“我想编花竹帽、毛线飞盘、竹编小船，还有可以戴在头上的皇冠。我有好多东西都想编。”

昊泽的编织计划

2. 编织探究——问题各个击破

在第一次编织的过程中，看似简单的编织材料在幼儿手中却是相当的不听话，幼儿遇到了不少问题。

问题一：不会编怎么办？

在区域里，颖颖毫无规律地将毛线在竹条里穿来穿去，完全失去了编织的规律，很快毛线就被她弄得一团乱。

旻泽想尝试用一挑一编的方法进行编织，但他摆弄了很久都没能找到正确的方法，反而将桌上的竹篾搅得乱七八糟。他把竹篾上下翻飞，玩得不亦乐乎。竹片发出的“哗哗”声吸引了周围幼儿的关注，引得他们纷纷靠拢过来，场面一度变得混乱，竹条被争抢、折断。坐在旻泽旁边的颖颖很沮丧地大声说：“别吵了！”幼儿才逐渐安静下来。

面对此情景，老师没有进行过多干涉，而是在一旁进行观察、记录，并用相机捕捉幼儿的活动过程。老师相信，让幼儿自己探索和体验，幼儿能够从中获得宝贵的经验。

在活动结束后的讨论环节，老师请幼儿谈谈第一次编织的收获和遇到的问题。

用竹篾进行编织的幼儿首先反映了他们遇到的问题：

天泽：太难了，我不会。

力宁：这个竹子太硬了，手会疼。

英姿：我不知道这根竹篾要怎么穿进去？

老师：那应该怎么办呢？

旁边的小朋友：我会，我来教你呀。

老师：还有其他办法吗？

昌昊：哎呀，我知道了，我们可以看视频学习呀。

婉婷：哥哥姐姐也能帮助我们。

针对幼儿的问题，老师播放了录制的视频，让幼儿以旁观者的视角来观察和反思活动中的问题。

老师：看了刚才的视频，你们想说什么？
敦敦：他们不应该抢东西。
雅萱：大家的声音有点大。
承烨：竹子全都掉在地上了，他们都没有编，一直在玩。

面对这些问题，幼儿经过讨论，提出了以下解决办法：

方法一：经验分享

老师邀请已经会编织的幼儿来当小老师进行分享，用幼儿之间独有的“语言”来描绘编织过程，可以形成独特的教程视频。

小老师教学

方法二：视频学习

幼儿观看网上的编织教学视频。生动、直观的动画视频能让幼儿快速学会。

幼儿观看编织教学视频

方法三：绘制步骤小书

在区角活动时，幼儿可以绘制关于编织步骤的小书，通过图解展示编织过程，帮助大家更好地理解并掌握编织步骤，也方便幼儿互相分享不同的编法。

幼儿在绘制编织小书

方法四：寻求帮助

大班的幼儿可以教中班幼儿学习编织，还能传授难度更大的编织技法。

幼儿逐一实践了这四种方法，解决了不会编的问题。幼儿不仅学会了简单的编

织技巧，如一挑一编和缠绕法，还了解了各种编织材料，包括竹篾、毛线、鞋带和麻绳等。

哥哥姐姐来帮忙

问题二：材料不听话怎么办？

随着编织活动的持续进行，幼儿的兴趣日益浓厚，这项活动在区域内开展得如火如荼，新的挑战也随之而来。

横纵交叉的编法

从点到圆的编法

腾骏：我的竹篾总是这样动来动去。

俊凯：是呀，总是这样动来动去，我们都没办法编了。

老师：有什么办法可以解决竹篾动来动去的问题呢？

萧泽：可以这样压着，就动不了啦。

老师：这个办法不错，可这样你就不能玩了，还有什么不一样的办法吗？

馨忆：那就把它粘起来。

逸铭：不行，桌子太滑了，透明胶会翻起来的。

老师：那要怎么做才能让它更牢固呢？

富航：我们可以试试用老师夹在黑板旁边的大夹子，一定很稳。

老师：这些方法看起来都不错，那你们一起来试试吧。

幼儿将想到的解决办法逐一进行尝试。

用双面胶固定

用小夹子固定

用大夹子夹在桌沿边

教师思考

幼儿总是在不断遇到问题、解决问题、再遇问题、再解决问题的过程中深入探究、反复试错和学习。当幼儿遇到问题时，老师会及时给予支持，鼓励幼儿进行自由讨论，结合已有经验想出解决方法。这样的过程使幼儿在遇到问题和解决问题时有更深刻的体会以及成就感。

（四）分享时刻：幼儿的收获和感受

在编织区里，幼儿创作出了许多令人惊叹的作品，有棒棒糖、手环、皇冠等，他们兴奋地分享着自己的感受和收获。

语言表征——幼儿分享感受

馨忆：我编了三个飞盘，还有一个竹编的小船、一条手链、两个皇冠，还帮老师整理了毛线球，把它们装到瓶罐里。

泽泽：我和我的好朋友用毛线和扭扭棒编了一条手链、一把扇子，还有笔筒和小鱼。这还有一个很漂亮的包包，是送给我妈妈的。我还要在包包上面装饰许多亮片。

作品表征——幼儿的收获

看着幼儿的作品和满脸的笑容，老师们不禁为幼儿的创造力和想象力感到惊叹。这些作品不仅展示了幼儿在编织技巧上的进步，更体现了他们解决问题能力的提升。

幼儿编织成果展示

（五）延伸活动：寻访花竹帽编织技艺传承人

幼儿在熟练掌握竹篾编织技巧后又发现了一些新的问题，但因为毛南族花竹帽的编织技法在日常生活中已不多见，所以，有些关于技法的问题超出了老师能解答的范围。

为了让幼儿更深入地了解花竹帽编织，老师组织幼儿寻访花竹帽编织技艺传承人，带领他们近距离观察传承人如何进行花竹帽的立体编织，让他们在真实体验中感受到编织的魅力。

幼儿寻访非遗传承人

三、课程价值

（一）感受非遗编织魅力，助力幼儿深度学习

在以往的编织活动中，老师总是习惯一开始就迫不及待地将各种技法手把手地教给幼儿，但这一次，老师们让幼儿通过感受、认知、体验、

情感升华等方式，循序渐进地获得新的知识和技能。

1. 在寻找生活中的编织物、实地感受编织、探寻编织的不同技法、尝试动手编织、拜访传承人等活动过程中，幼儿对编织的认识逐渐丰富，并且深刻体会到非遗编织的魅力，这将激发幼儿对家乡优秀民族文化的自豪感和热爱之情。

2. 教师引导幼儿思考："我们身边的编织物品有哪些？编织活动前要做什么（计划）？你发现了什么？你遇到了什么问题？怎么解决问题？你的收获和感受是什么？"鼓励幼儿对各种问题和挑战进行深入思考和主动探究，并为幼儿提供多元化的学习方式和工具，激发幼儿的探究欲和学习兴趣。

3. 在分享编织计划时，幼儿学会用统计和绘画表征的方法归纳出不同的编织图示；在探究编织技法时，幼儿学会运用视频学习、向他人求助等方法，顺利完成自己的编织作品；在动手尝试编织的过程中，幼儿用自己喜欢的方式大胆创造，提高了自己的艺术表现力和动手能力；在介绍自己的编织作品时，幼儿敢说、主动说，锻炼了自己的语言表达能力。这个多样的探索过程，助力幼儿进行积极主动的、有意义的学习。

（二）拓展非遗编织资源，探索民族文化育人新路径

非遗编织具有较强的艺术性和操作性，不仅可以丰富幼儿的审美体验，还能促进幼儿创造力和想象力的发展。在活动探索中，教师以幼儿为主体，不仅关注艺术教育，而且注重各个领域的渗透融合，同时重视家长资源和社会资源的利用，拓展和丰富了幼儿园的课程资源。

在"编"玩"编"乐活动中，老师结合幼儿生活经验和能力水平，将原本生硬艰涩、不易理解的非遗花竹帽编织技艺，调整为利用各类日常生活材料的编织活动，让活动内容更贴近幼儿生活，更适宜幼儿操作。我园老师探索出了依托园所特点和实际，结合当地文化与社会环境，以幼儿现实的需要为出发点，以幼儿为主体的民族文化育人新路径。

我园的编织活动仍会继续。在探究操作过程中，获得了丰富体验的幼儿一定会不断地产生新的探究欲，对周围民族文化事物和现象更感兴趣。因此，老师们接下来会更加注意倾听幼儿的心声，让幼儿在真实的体验和操作中，继续感受民族文化的魅力，让幼儿心田里的“民族文化”小种子生根发芽、茁壮成长。

挖掘幼儿成长的力量

——“编”玩“编”乐课程引发的思考

黄艳妮

每个幼儿都是小小的探索家，他们的眼中总是闪烁着对未知世界的好奇与渴望。正如爱因斯坦所言，提出问题往往比解决问题更为关键。

在幼儿教育领域中，培养幼儿解决问题的能力固然重要，但引导幼儿发现问题、提出问题同样不可或缺。这样做不仅满足了幼儿生活和学习本领的需求，更是顺应了幼儿创造力和想象力发展的自然趋势。

我国的幼儿教育正在经历一场悄然的变革。新的教育理念与思维正在幼儿园的每一个角落生根发芽。毛南分龙节延伸出来的“编”玩“编”乐课程，便是我亲身体验这场变革的一个缩影。

在园本课程“非遗文化毛南分龙节进校园”活动中，幼儿通过家长们的表演，对“编织”产生了浓厚的兴趣，引发了他们在生活中寻找编织物，并提出希望能自己动手进行编织的想法。

在这一过程中，作为老师的我，肩负的是从幼儿视角出发，引导他们对编织持续产生兴趣、发现问题并进入问题的任务，即将“怎么编”和“编什么”的问题抛给幼儿。幼儿在问题的驱动下，通过查阅资料、与家长一起调查、讨论统计，最终确定了自己喜欢的编织物品。

诚然，幼儿在经验上存在不足，各方面的能力相对较弱，这是事实。他们在对事物的研究和探寻的能力上也较为有限。因而幼儿教育当着重研究和探寻“过程”带给幼儿的成长，而非研究和探寻的“结果”带给幼儿技能上的提升。

在确定好编织计划后，幼儿不可避免地遇到了各种各样的问题。“不会编”“材料不听话”导致幼儿在初次尝试编织时均以失败告终。但正是这些困难，成为他们成长的催化剂。

通过对幼儿初次尝试编织情景的观察，我详细地记录下了幼儿活动的过程，并引导幼儿在讨论环节分享各自的收获与问题，而不是在课程中对幼儿的“失败尝试”进行制止，让幼儿以旁观者的身份和视角反思个人行为和沟通方式。

经过反思与讨论，幼儿针对“不会编”的问题确定了四种解决方案：分享经验、在线观看编织教学视频、绘制编织小书、寻求大班哥哥姐姐的帮助。针对“材料不听话”的问题，幼儿想到用夹子固定编织物的办法。最终，幼儿在相互帮助、沟通交流中掌握了简单的编织技巧，并借此机会接触和学习了传统民族文化。

事实证明，幼儿具备反思的能力，也具备自主解决问题的基本能力。他们在不断地试错中总结经验，探寻答案。而我，作为他们的引路人，只需给予他们肯定和鼓励，让他们在反思与讨论中找到解决问题的办法。《纲要》和《指南》都强调，要最大限度地支持和满足幼儿通过直接感知、实际操作和亲身体验获得经验的需要。挖掘幼儿内在成长的力量，既是幼师教育理念革新的切口，更是实现幼儿教育改革的根本需要。

在本次课程当中，我深刻地感受到了幼儿内在的成长力量。幼儿发现问题、解决问题的能力并不由老师的“教导”所产生，也不通过老师的“传授”直接获得，而是他们天生具备的认识世界和探寻世界的本领。这种能力植根于他们的天性和经验之中。因此，老师的角色在于充分挖掘和理解幼儿的需求，从幼儿的视角出发，激发和引导他们去解决问题，鼓励他们以自己的经验探究和学习。

成年人常常基于自己的经验，总会不自觉地认为幼儿并不具备做某些事的能力，或以自己的思维定式臆测幼儿的想法与行为，却忽略了幼儿与成人思维本就不同。作为幼儿教育工作者，我们需时刻谨记回归幼儿本位，洞察他们的需求，关注他们的内在力量，才能真正引导他们健康成长。

课程故事 10

解“绑”美食密码

中班 韦曾薇 张秋萌 罗珍艳

一、缘起

《纲要》指出：“充分利用社会资源，引导幼儿实际感受祖国文化的丰富与优秀，感受家乡的变化和发展，激发幼儿爱家乡、爱祖国的情感。”“鸭把”是广西壮家宴席上一道必不可少的美味菜肴，其制作技艺也是河池市非物质文化遗产，具有独特的民族传统制作技艺。其制作方法是将鸭肠、鸭胗、鸭肝、血肠、鸭仔菜等食材用韭菜捆绑在一起，再蘸上鸭血酱制成。

对于“鸭把”，中班幼儿并不陌生。它时常出现在家庭和幼儿园的餐桌上。幼儿对这道美食有着许多好奇：“这个菜为什么要绑起来？”“鸭把里面有什么菜？”“鸭把是怎么绑起来的呢？”基于幼儿的疑问，老师们带领幼儿共同解密这道“绑”起来的美食。

二、传承进行时

（一）探寻美食

出发前，幼儿围绕“鸭把是怎么做出来的？”“鸭把里有什么食材？”等问题进行了讨论。为了探寻这些问题的答案，大家一致决定前往菜市场寻找答案。

幼儿到达菜市场

琛琛：菜市场有那么多卖菜的地方，哪里才有鸭把卖呢？
亓天：我们问一下老板吧。

进入菜市场后，幼儿沿路热情地向摊位老板打听。

亓天问："老板，这儿有鸭把卖吗？"

突然，琛琛叫住大家："快来，这里写着'鸭把'。"

幼儿找到"鸭把"摊位

琛琛：老板，你们这儿有鸭把吗？
老板：有呀！
丹丹：您可以教我们制作鸭把吗？

老板热情地接待了幼儿，对大家提出的问题进行耐心地解答，并现场展示了“鸭把”的制作技艺。

小园：我知道，这里面有黄瓜、胡萝卜。

佳佳：这个黑黑的是龙蹦（血肠），我吃过。

老板：除了小朋友说的，还有捆绑用的韭菜、鸭肝、鸭肠、鸭胗、薄荷。

幼儿认识“鸭把”食材

老板边介绍边熟练地用韭菜将食材一一捆绑起来。

老板展示“鸭把”制作技艺

在看了老板的操作后，幼儿都忍不住要自己动手尝试制作“鸭把”。在征得老板的同意后，幼儿戴上一次性手套，开始尝试制作。

亓天：我闻一下这个薄荷是什么味道。
琛琛：是不是先把菜都放在韭菜上呢？
佳佳：阿姨，我不会绑，你可以教教我吗？
亓天：我看到阿姨是这样用韭菜把菜捆起来的。

幼儿动手尝试制作“鸭把”

幼儿在老板这里了解了“鸭把”的制作流程后，就向老板致谢道别，和老师一起去寻找制作“鸭把”的食材。

老师：刚刚我们在阿姨那看到的制作鸭把的食材有什么呢？
琛琛：有黄瓜、胡萝卜。
佳佳：有韭菜。
小园：还有龙蹦（血肠）。
老师：那我们要到哪里去找这些食材呢？
琛琛：那边有卖菜的摊位，我们去问一下吧。

幼儿寻找食材

丹丹：我看到了黄瓜。

琛琛：还有胡萝卜。

老师：用来捆绑鸭把的食材是什么？

佳佳：是韭菜。

丹丹：老板，这个是韭菜吗？

菜摊老板：这是大葱，我们家没有韭菜卖，你们到其他菜摊看看吧。

于是，幼儿继续在摊位上寻找韭菜。

琛琛：我们再找找吧。

亓天：我找到啦，阿姨，这个是韭菜吧。

这次菜摊阿姨给予了肯定的回答。终于找到韭菜了，这让幼儿开心不已。在菜市场叔叔阿姨们的帮助下，幼儿陆续找到了胡萝卜、黄瓜和韭菜。

幼儿寻找到的食材

在离开菜市的时候，琛琛还意外地发现了血肠，他激动地大叫起来："你们看，我找到了龙蹦（血肠）。"

幼儿找到血肠

此次菜市场之行，幼儿不仅观摩学习了"鸭把"的制作过程，尝试动手捆绑"鸭把"，还一起寻找制作"鸭把"的食材，至此，菜市场探寻"鸭把"的活动完美结束。

教师思考

《指南》中指出，幼儿是通过直接感知、实际操作和亲身体验获取经验的。尽管幼儿找到的食材仍不够齐全，但是在这个过程中，幼儿获得了较高的自主体验。他们能够主动问询、积极交流、合作解决问题，促进了个人社会认知的发展。

（二）尝试制作“鸭把”

在实地参访菜市场之后，为了能更好地开展活动，老师们采取家园合作的方式。老师向家长发放了亲子调查表，请家长利用闲暇时间，带领幼儿深入探访特色美食“鸭把”，并将探访结果用绘画、文字等形式记录下来。

亲子调查表

通过和家长一起探访“鸭把”美食以及填写亲子调查表，幼儿对家乡的特色美食“鸭把”有了更深刻的认识，并且更加期待亲手制作这道美食。

周二的美食制作日，我们邀请了善于制作民族美食的罗妈妈到班上与幼儿一起制作“鸭把”。

罗妈妈向幼儿一一介绍了制作“鸭把”的食材，包括薄荷、韭菜、黄瓜、胡萝卜、鸭肝、鸭胗、鸭肠、血肠。为了使幼儿更立体地认识这些食材，罗妈妈让幼儿观察食材的外观后，还让他们闻了不同食材的味道，并尝了胡萝卜和黄瓜的口感。

罗妈妈向幼儿介绍食材

再一次观摩了“鸭把”的制作技艺后，幼儿终于迎来了亲手制作美食的机会。

幼儿尝试捆绑“鸭把”

天天：老师，我绑的东西都掉出来啦。

思豪：该怎么绑才牢固呢？

卡卡：罗阿姨，我不会打结。

郎朗：我需要帮忙。

天悦：我也需要帮忙，我绑不了。

罗妈妈关注着幼儿的制作情况，并及时进行解答和指导。

罗妈妈指导幼儿捆绑“鸭把”

在第一次尝试绑“鸭把”的过程中，幼儿能够将“鸭把”所需的食材一一整齐摆放，但是大部分幼儿不会打结。

“绑”这个动作是制作“鸭把”的主要技巧，也是幼儿在本次活动中面临的主要难题。在绑食材的过程中，一些幼儿只是用韭菜在食材上绕圈，一旦提起，食材就散落一地。

显然，要想吃到这道民族美食，并没有那么简单。

本班幼儿的鞋子大部分是没有鞋带的，因此他们对“绑”这一生活经验相对缺乏。再结合幼儿初次捆绑“鸭把”的表现，老师们经过深思熟虑，特别设计了“探索‘绑’的秘密”的活动，以此引导幼儿关注和探究“不会打结”这一关键问题。

（三）探索“绑”的秘密

老师首先引导幼儿从身边开始探索：“我们身边哪里需要用到‘绑’或‘打结’这个动作呢？”

幼儿在园所内寻找绳结

清正：我看到红旗的绳子需要打结绑紧。

诗涵：大树的新衣都是用绳子绑紧的。

亓天：我找到一个，我们的厨师牌也是需要打绳结才能挂在脖子上。

安然：还有这个菜单，有一个粉色的绳结。

雨希：系围裙的时候也需要打绳结。

阿彬：我的裤子上也要打绳结。

小晋：我的鞋带也需要打绳结。

幼儿在教室里寻找绳结

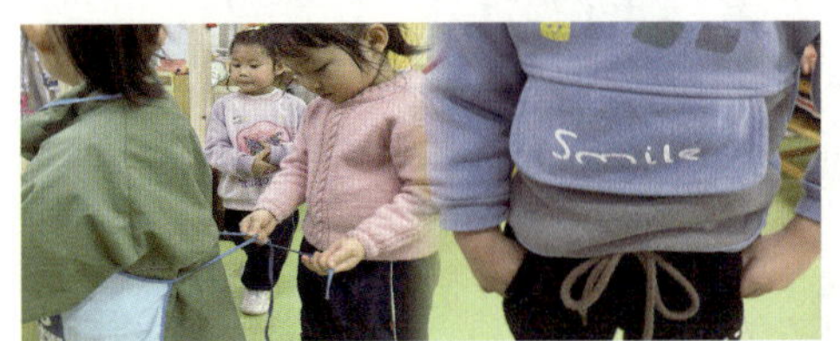

幼儿在身上寻找绳结

当化身为“小侦探”时，大家才发现原来打绳结这个技能在生活中随处可见。

除了在幼儿园内寻找，老师还发放了问卷调查表，鼓励家长带领幼儿一起观察日常生活，寻找“打结”的应用场景，并鼓励幼儿在实际生活中练习“打结”这一技能。

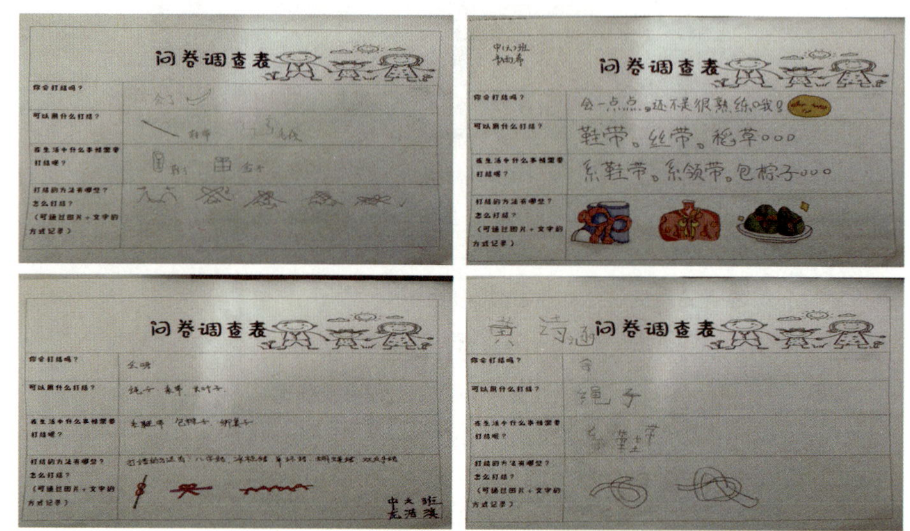

问卷调查表

1. 练习捆绑，打绳结

老师在区角里投放了易拉罐、纸筒等物品，让幼儿练习“打结”的动作，关注幼儿“打结”的动作是否灵敏，并进行针对性的指导。

幼儿在第一天的练习过程中遇到了各种各样的问题。

祎铭：为什么打结了还那么松呢？我要怎么把这个绳子拉出来？

覃天：我打的结洞好大啊。

琛琛：这个罐子太滑了，打好结以后，一提起来又散开了。

幼儿练习打绳结

面对幼儿的问题，老师们并没有直接帮助幼儿，而是根据幼儿打结时遇到的技术难点绘制了打结步骤图，并适时提醒幼儿打结的要点，帮助幼儿攻克难点。

在第三天的练习尝试中，幼儿的打结技能明显提高了。

诗涵：用绳子在纸筒上多绕几圈，就捆得牢一点。

覃天：打结后要用力拉，才能绑稳。

同时，老师与家长合作共育，引导家长巧用日常生活的情境，为幼儿创设打结的机会，让幼儿在家里也可以练习。打结虽难，但是在家长和老师的鼓励和帮助下，幼儿乐在其中。

幼儿利用纸筒练习打绳结

幼儿在家里练习打绳结

经过一个星期的不断尝试、反复练习，幼儿终于能够独立完成捆绑和打结的工作。

麒麟：我可以用绳子绑我的奥特曼。

诗涵：我学会了捆绑我自己的小毯子。

欣欣：我能用绳子捆绑我自己的玩具。

丹丹：我可以给我的小娃娃打一个绳结。

亓天：我会打结了，以后穿公主裙，我可以自己绑裙带了。

卡卡：我也可以自己绑鞋带，不用妈妈帮忙。

教师思考

陶行知说过："只有将教育隐含于生活之中，才能发挥教育最大的魅力。"[1]老师以幼儿兴趣为内驱力，引导幼儿在生活点滴中发现、学习、思考，在练习—发现问题—解决问题这个过程中不断获取经验。

2. 第二次动手捆绑"鸭把"

通过不断的练习，幼儿已经掌握了"打结"的技能。他们兴奋地告诉老师："老师，我会打结了！这次我绑的'鸭把'肯定不会散开了。"他

1　陶行知：《生活即教育》，武汉：长江文艺出版社，2021年。

们提出再次制作“鸭把”的想法。

顺应幼儿的想法，老师再一次启动了“鸭把”的制作活动。

周三上午，活动正式开始，这次厨房的阿姨们精心准备了所有食材，幼儿摩拳擦掌，兴奋不已。

幼儿第二次尝试捆绑“鸭把”

亓天：老师，你看我捆绑的鸭把。

琛琛：我用一根韭菜就能把它们捆紧了。

覃天：老师，你看我绑的鸭把漂亮吗？

很快，一大盆的“鸭把”制作好了，虽然有些还不算完美，但幼儿脸上都洋溢着满满的成就感：“这是我们自己绑的‘鸭把’！”

幼儿学会了捆绑“鸭把”

幼儿制作的“鸭把”

紧接着，幼儿开心地品尝起自己制作的“鸭把”，心里美滋滋的。

幼儿品尝“鸭把”

菘菘：我自己做的，我喜欢吃。

安然：但是我不喜欢里面的薄荷。

萱萱：我喜欢吃白菜，里面有白菜就好啦。

看到幼儿产生“我能不能把我爱吃的食物也绑起来吃”的探究兴趣，老师决定进行一次创新尝试。

（四）制作创意美食

通过与幼儿进行深入讨论，老师收集了幼儿的美食创意，并引导幼儿根据自己的美食创意，制作购物清单。

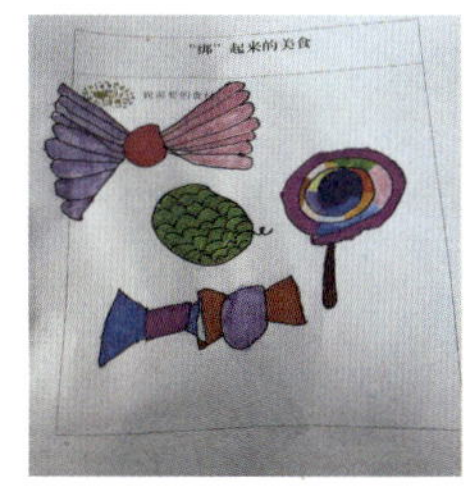

“绑”起来的美食创意调查表

佑佑：我要放棒棒糖。

安安：我喜欢吃薯片。

凯伦：我喜欢吃水果，我要放葡萄、苹果、草莓。

迪迪：还有玉米、海苔。

幼儿开心地分享着他们的创意美食。一份份精美的美食清单制作完成后，幼儿来到菜市场按照购物清单进行采购。

幼儿在菜市场采购食材

欣欣：老板，你这儿有小橘子吗？
潼潼：我的东西得去买菜那儿买。
慧慧：我们需要黄瓜、胡萝卜、韭菜。

部分食材还需到超市采购，幼儿依据自己的清单开启了愉快的购物之旅。他们认真地核对清单上的各种食材，生怕漏掉任何一样，展现出极高的责任心和积极性。

迪迪：快来，我找到了棒棒糖、巧克力。
慧慧：我需要一些海苔。
安安：好多好吃的，我要买的这里都有。

幼儿在超市采购食材

采购结束后回到园所，幼儿便迫不及待地开始制作“鸭把”创意美食。这次，他们的制作速度明显提升，捆绑和打结的技巧也变得越发熟练。不仅如此，幼儿还为自己的创意美食取了各种有趣的名字。

慧慧：我要放上我喜欢吃的薯片、饼干和海苔，我要把它们捆紧。

迪迪：我的有小橘子和黄瓜，我做的叫“水果把”。

潼潼：看我的“零食把”，有海苔和薯片。

欣欣：那我的就是“水果加零食把”。

幼儿制作创意美食

三、课程价值

（一）缘起非遗，积极探索民族文化园本课程

在探究“鸭把”制作技艺的过程中，老师特别关注幼儿的探索行为。老师发现，打结是制作“鸭把”的难点，同时也是幼儿在日常生活中常遇到的问题。因此，老师设计了一系列“解密”活动，引导幼儿回归生活，将从捆绑“鸭把”中积累的打结经验应用到日常生活中，同时又巧

妙运用生活情境为幼儿提供练习打结的机会。

本次探索活动始于非遗，却不止步于非遗，而是致力让非遗文化回归并服务于幼儿的生活。依托丰富的非遗文化资源，老师们探索出一条在真实的生活情境中探索民族文化的园本课程实施路径。

（二）探究非遗，循序渐进支持幼儿发展

通过动手操作，幼儿不断发现新问题并引发新思考。他们最初怀着“为什么我的‘鸭把’一提起来就散开了?”的疑问，进而意识到自己不会打结的问题，继而又出现了“打的结洞太大，东西都漏出来了怎么办?”“我该如何将绳子从那个洞里拉出来呢?”等问题。面对这些难题，幼儿并未退缩，而是积极地进行自我调整，或寻求家长和老师的帮助。正是这样的不断尝试与探索，使得他们最终成功地制作出“鸭把”，并且创作出了各种各样的创意美食。

在本次探索活动中，幼儿循序渐进地掌握了打结的技能，提升了动手操作能力和自我服务能力，在困难面前更是展现出勇于面对、无畏挑战的精神风貌。

开展幼儿园民族食育课程的思考

罗珍艳

一次偶然的机会，幼儿接触到了广西特色民族美食“鸭把”。然而，初次相遇，幼儿对这道美食并不感兴趣。这让我感到有些遗憾，因为我一直相信，让幼儿了解并体验不同文化的魅力，培养幼儿的民族文化意识，是教育中不可或缺的一环。

于是，我开始思考如何将“鸭把”融入幼儿教育中。为了点燃幼儿的兴趣火花，我首先借助生动有趣的故事，向他们娓娓道来“鸭把”这道美食的历史和起源。“鸭把”是河池一带独有的美食，将鸭下水与鸭仔香（当地一种可食的香料植物）捆绑在一起，再配以鸭血酱食之。

“老师，为什么在六月、七月做呢?”

“是呀，老师，刚刚说节日时候吃，过年吃不吃?”

面对幼儿的问题，我进一步分享了关于“鸭把”的民间传说，并通过展示相关图片，让幼儿能够直观地了解这道菜的制作背景和文化内涵。我解释了中元节吃鸭子的习俗，以及这一传统是如何随着时间的推移而形成的。这些故事不仅丰富了幼儿的知识库，也激发了他们对民族文化的兴趣。

为了让幼儿更深入地了解“鸭把”的制作过程，我亲自示范并引导他们亲手尝试制作。在我的指导下，幼儿分组进行鸭肉切割、调味腌制、煮制等步骤，亲身感受制作这道美食的乐趣。这个过程不仅锻炼了幼儿的动手能力，还让他们深刻体会到美食背后所蕴含的辛勤劳动和智慧结晶。

在探索过程中，我尽可能地增加了培养幼儿创新能力的环节。例如，

在调制“鸭把”酱汁时，我鼓励幼儿用酱油、姜蒜等调料按照自己的喜好，适量地加到鸭肉中。当把鸭肉放在糯米上时，我引导幼儿尝试不同的摆放方式，制作出有趣的“鸭把”形状，以培养他们的空间想象力和操作能力。

同时，我们对“鸭把”的制作方式也进行了创新，以往的做法只是用切片的青瓜夹住煮熟的鸭内脏，再用烫熟的韭菜绕两圈。我们创新地使用了鸭仔香叶子、青瓜（或雪梨）、鸭血煮的糯米饭，再加上一小块鸭肾，用熟韭菜叶绑起来。

“鸭把”制作完成后，我们还一起品尝了这份亲手制作的美食。幼儿愉快地感受着“鸭把”独特的口感和味道，同时也表达了自己的感受和想法。这样的活动不仅让幼儿对“鸭把”这一民族美食有了更深入的了解和兴趣，也在亲手制作的过程中体会到了劳动的快乐和文化的魅力。

这次偶然的机会，不仅让幼儿领略了一道美食的魅力，更为他们打开了一扇民族文化的大门。我相信这样的教学活动将有助于培养幼儿对民族文化的热爱和尊重他人多样性的意识，为他们的全面发展奠定坚实的基础。同时，我也将继续探索更多有效的教育方法，将民族文化和食育相融合，为幼儿创造更丰富多彩的学习体验。

童“针”童“绣”

大班 黄木秀 叶柳 韦利莎

一、缘起

早上，凝凝的外婆送凝凝进班级时，小雯好奇地观察着凝凝外婆背后的背带，说：“这个背带和我家里的背带不一样。”

凝凝解释说：“这背带上的花纹是我外婆自己绣上去的。”

皓皓也说：“和我的背带也不一样。”

萱萱说：“我家里好像也有这种花纹的背带，但它是红色的。”

小豪好奇地问：“这个花纹是怎么绣的呢？”

幼儿观察背带

仫佬族是广西的世居民族，拥有悠久的历史。仫佬族人民用自己勤劳的双手，创造了辉煌灿烂的民族历史文化，其中，背带绣就是一项具有代表性的传统技艺。

从幼儿的对话中不难看出，在幼儿日常生活中，刺绣无处不在，衣服上、荷包上，甚至是床单被罩上都会有刺绣。

《纲要》明确指出："幼儿园应为幼儿提供健康、丰富的生活和活动环境，满足他们多方面发展的需要，使他们在快乐的童年生活中获得有益于身心发展的经验。"凝凝外婆的背带绣图案激发了幼儿对刺绣的好奇心。为了满足幼儿的好奇心，让幼儿了解民间刺绣，感受民间艺术的美，老师们决定追随幼儿的兴趣，一同探索背带绣的奥秘。

二、传承进行时

（一）大智慧

1. 调查背带

为了加深幼儿对背带绣的了解，老师鼓励幼儿和家长一起进行调查，并将调查结果记录在"关于'背带'的调查表"中。调查表里设置了三个内容，分别是让幼儿回想自己和背带的故事，找寻自己小时候用过的背带，以及让幼儿把自己喜欢的背带图案画出来。通过这一调查，幼儿对仫佬族背带绣有了初步的了解。

时间：2023 年 9 月 18 日

姓名	15 黄芷琳	班级	大四班
我和背带的故事	我小时候用的背带		我喜欢的背带图案
我的背带是外婆送的，外婆希望我天天快乐，岁岁平安。			15

时间：2023 年 9 月 18 日

姓名	夏锦团	班级	25
我和背带的故事	我小时候用的背带		我喜欢的背带图案
妈妈说我的背带是外婆送的，在小时候我经常哭，妈妈就背我在背带里，一背在背带里，我就不哭了。	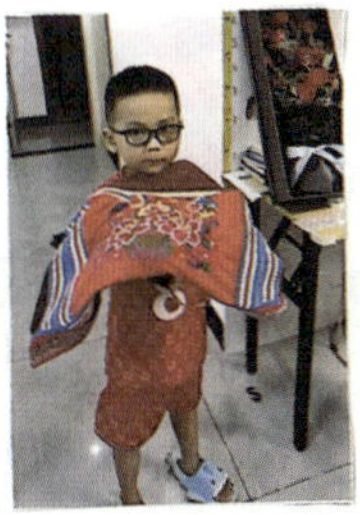		

关于“背带”的调查表

2. 参观基地

调查之后，老师利用周末带领幼儿走进了罗城仫佬族博物馆，近距离接触不同年代的背带绣。

幼儿参观博物馆

背带绣是罗城仫佬族自治县独具特色的民间手工技艺，具有丰富的民族元素特色。作品色彩鲜丽，强烈的视觉冲击激发了幼儿的喜爱之心。每一件作品都有自己独一无二的美丽，正如幼儿的童年，五彩缤纷。

同时，我们还组织幼儿参访了谢秀荣工作室，与背带绣传承人谢奶奶进行了愉快的交流。此次走出幼儿园，幼儿不仅拓宽了知识视野，而且在实践中深刻体会到了匠人精益求精的精神。

幼儿参观谢秀荣工作室

教师思考

生活本身就是最生动的教材，老师应捕捉教育契机，积极引领幼儿走进生活，探寻生活中的背带绣文化，使幼儿亲身感受其中的奥妙与美丽。

（二）大探究

追随着幼儿，将幼儿的兴趣与刺绣相结合，老师和幼儿开启了一系列的探究活动。

1. 绣前准备

参观完谢秀荣工作室后，幼儿对刺绣所需的工具充满了好奇。他们在晨会时纷纷提问："刺绣需要用哪些工具呢？"

龙龙：需要把线穿到针孔里。

婷婷：需要剪刀才能把线剪断。

小晨：还需要把布套在圆圈上。

幼儿经过讨论梳理得出，想要绣出美丽的图案，需要刺绣的基础工具，包括针、线、布和小剪刀等，还要学习穿针、打结、上绷等技巧，才能开展刺绣活动。

婷婷：但是谢奶奶的针很细，小孩子不能用。

龙龙：我们可以找东西代替吗？

婷婷：我们问问老师，能不能给我们一些合适的材料。

老师和幼儿进行交流讨论后，按幼儿的需求，购买了绣绷和绣布，其他材料则由幼儿自己挑选。他们挑选了适合自己使用的刺绣工具，用塑料的大头针代替绣针，用五颜六色的毛线代替绣线。

刺绣工具准备

刺绣工具准备好后，幼儿按照谢秀荣奶奶教的平针、回针和缎面绣三种基本针法，开始练习穿针引线的基本功。

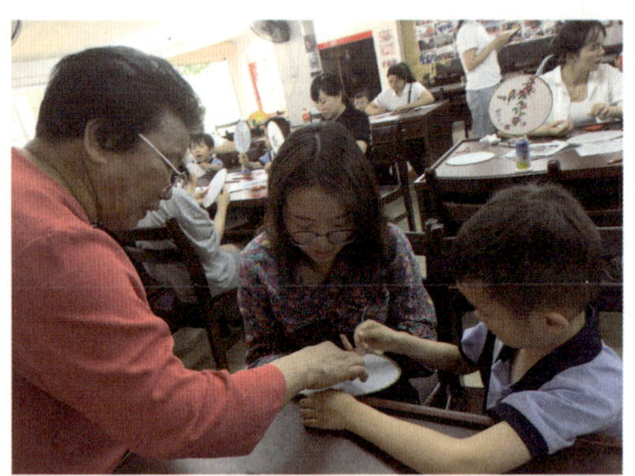

谢秀荣指导刺绣方法

2. 刺绣初体验

经过两天的练习，幼儿已经熟练掌握基本针法，并迫不及待地想要一试身手。

幼儿开始了自己的刺绣之旅。从穿针、打结、绘稿、上绷到灵活切换不同的针法，他们在实践中不断学习和总结，提高了小肌肉群的力量和手眼协调能力，同时也培养了审美和创造意识。

幼儿动手尝试刺绣

但是开始刺绣后不久，幼儿便遇到了一个棘手的问题：绣线混乱地缠绕成了一团，幼儿开始忙于整理筐里的绣线，折腾了很久仍然解不开。

绣线打结

幼儿就如何收纳绣线的问题进行了讨论。

晨晨：用剪刀把绣线剪下来。

小桐：剪下来的绣线有的长有的短，长的又太长了，绣的时候不好绣，短的又太短，都不能用了。

盈盈：是不是可以像美工区里的线那样绕在小滚筒上？

皓皓：我们可以把线绕在小木棍支架上。

经过一番尝试，幼儿发现了一个有效的解决方案：他们先将毛线按照颜色进行分类，并将每根线整齐地绕在小木棍支架上。这样一来，毛线就不再打结成一团，而是变得整齐有序。

整理好的绣线

晨晨在刺绣过程中，遇到了一个问题：他的绣线绕到了绣绷外面。他疑惑地向老师寻求帮助。

老师组织幼儿一起思考这个问题："孩子们，晨晨的线绕到了绣绷外面，谁知道是为什么吗？"

离晨晨最近的予乐回答说："因为他的线太长了，所以绕到了绣绷外面。"

小桐也提出了自己的看法："晨晨没有按照'第一针是上针，第二针就要下针'的规律，所以会绕到绣绷外。"

绣线绕到了绣绷外

幼儿经过思考和探索找到了问题所在。晨晨意识到自己的疏忽，于是，他决定解开绕到绣绷外的绣线，重新尝试，严格按照"第一针上针，第二针下针"的顺序进行刺绣。这次，他的绣线没有再绕到绣绷外面。

逐渐进入刺绣的佳境时，幼儿又遇到了一个新的挑战：绣线为什么在绣绷上凸出来了？

绣线在绣绷上凸出来

悦悦首先提出了自己的想法："可能是因为线太长了。"晨晨则认为：

"是绣线打结了。"小雅补充道："还可能是我们的线拉得不够紧。"面对这个问题，幼儿纷纷提出了自己的见解，并讨论了解决方案。

子铭分享了他的解决方法："当线凸出来的时候，我会先拉平它，然后再扎下一针，这样线就会平整了。"他的建议得到了大家的认可，幼儿纷纷尝试这种方法。

经过多次的尝试和调整，幼儿掌握的技能越来越多，他们不仅能绣出平整的图案，还学会了换线和剪线。最终，他们都顺利地完成了自己人生中的第一幅刺绣作品。

幼儿展示完成的刺绣作品

教师思考

当出现问题时，老师不必急于介入，而是做幼儿的倾听者、支持者和观察者，放手让幼儿思考和讨论，相信他们有探索解决方案的能力。

（三）绣品展示

"壮族三月三"节日到来之际，幼儿园里要举行一场庆祝活动，老师们精心设计了与背带绣相关的体验活动，让这一古老的非遗技艺焕发出新的生机。

活动当天，全园的幼儿积极参与"三月三"刺绣体验活动。本班幼儿当起了小老师，热情地教其他班幼儿进行刺绣。幼儿在现场"以布为纸，以线当墨，以针作笔”，创作出一幅幅精美的绣品。

幼儿在活动现场刺绣

艺术源于生活，终将回归生活。在“三月三”庆祝活动中，本班精心布置了一个背带绣展示专区。专区摆设了家长带来的各式背带绣，以及亲子合作完成的精美绣品。背带绣展示区在幼儿园户外亮相，吸引了众多路人的目光。

此外，一场以绣品为主题的走秀表演在歌谣馆上演。幼儿以自信的步伐和灿烂的笑容，在舞台上展示自己亲手绣制的作品。这场走秀获得了许多幼儿和家长的赞赏。

绣品展示

展示结束后，老师组织幼儿进行了总结讨论，幼儿纷纷表达了自己对背带绣的热爱和骄傲。

晨晨：背带绣是我们河池罗城仫佬族的民间艺术。我向叔叔阿姨、别班小朋友们介绍的时候，我心里感觉到很骄傲。

小桐：我在教刺绣的时候，有好多小朋友围过来，好多小朋友想要尝试刺绣。

萱萱：我越来越喜欢刺绣了。虽然需要很认真、很仔细地去绣，但是我完成了一个作品，我觉得我好棒！

小溪：我也越来越喜欢刺绣了。我要绣好多好多，把它绣到包包上。

幼儿对刺绣的热烈讨论和喜爱，透露出他们对民族文化的好奇与兴趣，民族文化的小种子已悄然在幼儿心里扎根发芽。

教师思考

老师从幼儿的兴趣出发，将刺绣与“三月三”节日活动相结合，为幼儿提供创造、创新和展现自我的条件和机会，让他们更多地了解仫佬族背带绣，感受刺绣的艺术之美。

三、课程价值

（一）积累经验，提高幼儿动手能力

本次课程故事，幼儿化身成一个个刺绣手艺人，一步步地探索背带绣上的花纹是怎么绣出来的。幼儿通过一次次的合作体验和操作探讨，积累了许多经验，到了探究后期，还能充当小老师与其他幼儿分享刺绣经验。这样的活动丰富了幼儿的见识，提高了他们的动手操作能力。

（二）做智慧老师，与幼儿共同成长

背带绣是民间技艺，也是我国的非遗文化，深受幼儿的喜爱。在一系列的探秘中，老师始终保持“走近儿童、追随儿童”的教育理念，始终站在幼儿的立场，从幼儿对刺绣的经验和兴趣点中寻找生长点，生成新的课程智慧。

（三）发展自主探究能力，触发深度学习

幼儿尝试刺绣的过程是一种不断发现问题、提出问题、分析问题和解决问题的探究性学习过程。老师应最大程度放手，最小程度介入，从而引导幼儿进一步探究，逐渐掌握刺绣的技巧与要点。

传承千年的技艺，不仅仅是技艺的延续，更是一种民族文化和风俗的传承。通过此次背带绣活动，幼儿不仅领略了民族非遗文化的独特魅力，而且在心中播下了一粒传承中华民族传统文化的种子。

又要做课程啦

黄木秀

时代变化，教育趋势也随之变化，我园积极开展民族文化园本课程。

当我得知要负责开展罗城背带绣这一民族文化主题课程时，我的第一反应是困惑与抵触：作为一个四十多岁的中年教师，我又不需要那一张张奖状去评职称，我就安安静静地带好班上的幼儿就行啦，何必劳心费神地去搞民族文化课程呢。

然而，家长的热情与期待让我重新审视这次课程。在学期家长会上，我简要提及了即将开设罗城背带绣课程的计划，立刻引发了家长的热议。他们纷纷分享与背带绣有关的故事："老师，我家里就有罗城背带，是我女儿出生时外婆亲手制作的。""罗城仫佬族博物馆珍藏了许多罗城背带绣品，我们可以组织孩子们去参观。""罗城背带绣的传承人谢老师的工作坊就在博物馆附近，我们可以带孩子去亲身体验。"

家长们的热情也感染了我，让我不禁回想起自己的母亲。我的母亲是一位典型的农村妇女，农闲时总是带着微笑，一针一线地绣制背带。那时我总是疑惑：为什么她要如此辛苦地亲手制作，而不是直接买现成的背带呢？

直至我的儿子出生，那时候妈妈已经因为脑梗说不出话，手脚也不利索了。她颤颤巍巍地把一条崭新又略显"陈旧"的背带递到了我的手中。我现在每每看见背带，脑海里就会浮现妈妈在灯下一针一线绣背带的场景。背带上一朵朵盛开的花，是妈妈多少个日夜熬出来的啊。我突然就理解了背带的真正意义——它承载了外婆对妈妈的爱、妈妈对我的爱，以及我对孩子的期盼。一条背带串联了三代人的爱，是我们家族爱的传承。

河池有毛南族、仫佬族、瑶族等众多的少数民族，他们特有的民族文化源远流长、博大精深，是先辈们智慧的结晶，是子孙后代引以为豪的精华。罗城仫佬族刺绣技艺就是先辈们留给后辈的一项民族传统技艺，现已被列入自治区级非物质文化遗产代表性项目名录。

我们作为身处少数民族聚居地的教育工作者，在引导幼儿了解外部世界的同时，要如何让他们愿意了解本民族文化，把本民族特有的技艺进行传承和发扬光大呢?

于是，我开始转变心态，认真地筹备关于罗城背带绣的探究活动。我深入研究罗城背带绣的历史和技艺，也鼓励幼儿去探索和发现其中的奥秘。

我带领幼儿去参观罗城仫佬族博物馆的背带刺绣展区，到罗城背带绣的传承人谢秀荣老师的工作坊实地体验刺绣的乐趣；我利用“三月三”家长开放日的契机，组织家长与幼儿进行刺绣活动和背带游戏，让幼儿重温在妈妈背上的温暖。

“三月三”亲子刺绣活动

幼儿对背带绣有了充分的了解后，我开始鼓励幼儿对背带刺绣的技艺进行学习。他们纷纷表现出浓厚的兴趣，有的幼儿甚至主动提出:“老师，能借绣绷和绣布给我吗?我想拿回家和外婆一起绣。”“老师，我也

想回家跟妈妈一起绣。”听着幼儿稚嫩的声音，我被深深地触动。

一条背带，让两代人的心紧密相连。此次活动不仅教授了幼儿背带刺绣的精湛技艺，更重要的是，在幼儿与长辈共同绣制背带的过程中，促进了亲子关系的和谐发展。

活动之初，我对这次主题活动是抱有质疑的：刺绣那么难、那么枯燥，幼儿会感兴趣吗？能学会吗？但这些质疑和担忧在幼儿一针一线的刺绣过程中烟消云散了。

我的心态也转变了，从刚开始的抵触和困惑到被动接受，再到抱着试一试的心态，直至自己发自内心地想做、想做好。这让我深刻体会到：一个人的成长与年龄无关，关键在于心态和行动。只要我们怀揣着对幼儿的关爱和责任感，用心去做好每一件事，我们都能成为幼儿心中的好老师。

这也让我明白，不管是年轻的还是年长的老师，都需要不断成长，都需要秉承着为幼儿负责的理念，遵循职业操守，抱着终身学习的态度，认真地去做好每一件事。

在未来的日子里，我将继续带着这份信念和热情，不辜负祖国和时代赋予我的使命，引导幼儿去探索和传承更多的民族文化。我相信在我们的共同努力下，这些宝贵的文化遗产将得到更好的传承和发扬。

课程故事12

自然而“染” “布”可思“艺”

大班 覃丽琴 韦佳圆 罗丽丹 吴丽华

一、缘起

扎染，扎一束时光，染一抹情怀，它是艺术创作与自然颜料的融合，是民间记忆与现代文化的交织。幼儿与扎染技艺邂逅会发生怎样的故事呢？传统工艺与现代活动的交织会产生怎样的化学反应呢？一起走进扎染这一非物质文化遗产的世界，一起去感受幼儿发现美、欣赏美和创作美的乐趣。

周四下午，幼儿如往常一样来到功能室。刚走到门口，他们的目光瞬间被一道蓝色的风景线所吸引——那是挂在布艺区的蓝色窗帘。

“乐乐，你看那蓝色的窗帘，真的好漂亮！”明明指着窗帘，眼中满是欣赏。

乐乐点点头，赞同地说：“对啊，旁边的蓝色布也很特别，上面的花纹好像天上的白云。”

星星好奇地凑近，摸了摸布料，疑惑地问：“这些布是怎么做出来的？花纹为什么会不一样呢？”

红红则更加直接：“这种布可以买到吗？我也想在我的卧室挂这种窗帘。”

乐乐兴奋地说："我知道，这叫作扎染，我和妈妈一起尝试过。"

红红疑惑地说："扎染是什么呢？扎染复杂吗？"

幼儿围绕"蓝色窗帘"展开了简短的讨论。

老师应善做观察者和支持者，在实践中借助各种策略，促使幼儿有效地梳理经验和优化认知，促进其在活动中深度学习、积极思考与实践创新。一次简短的讨论无法反映其浓厚的兴趣，仍需老师继续观察和耐心捕捉。

第二天，乐乐把妈妈的扎染纱巾带到幼儿园，和同伴继续讨论，并产生了"什么布可以扎染呢？""只能选择蓝颜色吗？""扎染的工具有哪些？""扎染的过程是什么？"的疑问。

由此可见，幼儿对扎染的关注已经由"焦点讨论"转变为"问题探索"，兴趣点也变成了探索点，探索扎染工艺的"种子"在幼儿的心中生根发芽了。

教育家陈鹤琴先生曾经说过："大自然、大社会都是'活'教材。"[1]扎染，作为我国非物质文化遗产的重要代表，具有精美性、艺术性、创造性的特征，是可以挖掘的宝贵教育资源。对于幼儿来说，扎染不仅是一次艺术体验，更是一次对传统文化的认识和传承。

通过学习与实践这一非遗技艺，幼儿不仅能锻炼动手能力，还能在过程中深刻感受优秀民族文化的魅力，从而在内心深处种下对民族传统文化的热爱和尊重，进一步增强民族自豪感。

二、传承进行时

（一）扎染筹备进行时：扎染是怎么做的？

为了初探幼儿对扎染的已知经验，老师们设计了一场"扎染大调查"

---

1 陈鹤琴：《活教育·陈鹤琴教育思想读本》，南京：南京师范大学出版社，2012年。

的亲子活动，鼓励幼儿利用周末时间，与家长一起寻找扎染的相关知识，重点了解扎染的工具、材料、方法和过程。

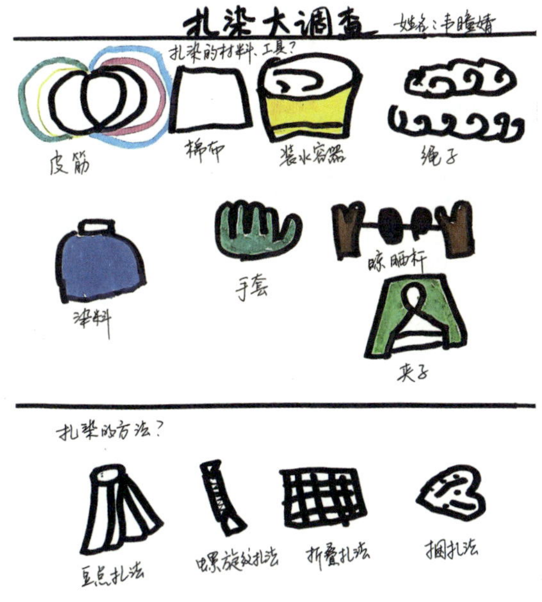

扎染大调查

星期一，班级召开了幼儿会议，以“扎染是怎么做的”为主题，进行了热烈的讨论，幼儿纷纷分享了自己在调查中的发现。

扎染筹备主题讨论

乐乐：我妈妈告诉我，需要使用白棉布和橡皮筋，把白棉布捆好，放到蓝色染料里，就可以了。

明明：还需要准备手套，被染料弄脏了的手非常不好洗。

星星：要准备特别大的塑料盆，我和爸爸在视频中看到，要把布全部放到塑料盆里面。

乐乐：对了，我妈妈还说，晾布的时候要用小夹子把布夹起来，这样干得更快，图案更好看。

结合幼儿会议的结果，立足于幼儿园布艺区的现实条件，老师为幼儿准备了手套、染料、雪糕棍、棉布、橡皮筋、夹子等所需材料，期待着幼儿的第一次扎染体验。

教师思考

非物质文化遗产作为中华优秀传统文化的重要组成部分，有效地将其融入幼儿园课程中，能潜移默化地培养幼儿热爱、传承优秀传统文化的情感。幼儿在家长的支持下，充分结合互联网搜索的资料信息，知道了扎染需要准备的工具，初步了解了扎染的方法，具备了体验的前期经验。

（二）扎染初体验：为什么扎染的布没有花纹？

星期三，幼儿以饱满的热情来到了布艺区，他们的眼中都闪烁着期待的光芒。老师按照扎染的步骤，一步步引导幼儿进行操作。

第一步：准备一盆清水，并把提前准备好的棉布浸湿。这一步非常关键。一定要注意，水不能太多，否则会影响后续的染色效果。

第二步：对已经浸湿的棉布进行折叠，可以折叠出自己最喜欢的形状，也可以直接揉成一团。有的幼儿叠出了美丽的花朵，有的叠出了三角形，每一个形状都代表着幼儿内心的创意和想象。

幼儿折叠浸湿的棉布

第三步：用橡皮筋把棉布捆紧，确保棉布在染色过程中形状不会发生改变。

幼儿用橡皮筋捆棉布

第四步：把自己最喜欢的颜色涂抹在棉布上面。有的幼儿用一滴颜料轻轻点在棉布上，有的则在同一块棉布上涂上不同的色彩，完全根据自己的喜好进行创作。

幼儿为棉布染色

第五步：幼儿把染色成功的棉布展开，挂在室外晾干，扎染就完成了。幼儿围站在旁边，兴奋地讨论着自己的作品。

在操作过程中，幼儿发现有的棉布上没有出现预期的花纹，这让他们感到困惑和失望。面对这个问题，老师并没有急于给出答案，而是鼓励幼儿进行猜测，并尝试寻找解决办法。

表 4-1 猜测及解决办法

猜测	解决方法
染料控制不好，导致太多的染料滴在棉布上，没有出现花纹。	可以用滴管控制染料，每次保证用一滴。
橡皮筋没有绷紧，导致应该是花纹的地方也被染上了颜色。	使用两根橡皮筋，多次检查是否捆好棉布。
棉布不湿，染料无法扩散出来，就变成了一个圆点。	把棉布放在装满水的大盆里，检查是否每个角落都浸湿。

总结了第一次探索的经验后，幼儿又一次尝试进行扎染，这次他们也格外注意橡皮筋是否绷紧。但有一部分幼儿存在不会使用橡皮筋的问题，甚至发出“老师，我不会用橡皮筋”“扎橡皮筋太难了”“老师，你可以帮帮我们吗?”的诉求。

看着陷入困境的幼儿，老师意识到这是最佳的干预时机。于是，老师用多媒体课件展示了有关扎皮筋的儿歌，并根据歌词内容进行动作示范。

“小手帕，伸出头。”——这里指的是将左手伸入橡皮筋里面。

“大拇哥，二拇哥，做游戏。”——这里指的是将右手的大拇指和食指也伸入橡皮筋里面。

“套一套，拧一拧。”——指的是将橡皮筋扎成一个圈。

幼儿跟着老师的动作尝试，慢慢掌握了扎皮筋的技巧，终于将棉布固定好，并顺利扎染出有花纹的作品。

扎染出有花纹的作品

教师思考

当幼儿遇到问题时，老师通过语言鼓励和材料支持，引导幼儿互相学习、探索、操作。在这个过程中，幼儿逐渐学会如何与他人合作，如何表达自己的观点，如何倾听他人的建议。当幼儿能够自豪地将自己的经验分享给伙伴们时，他们的自信心和归属感也得到了极大的提升，社会性能力也得到了发展。

（三）扎染再体验：怎样扎染出好看的花纹？

经过前几次的尝试，幼儿已经顺利地掌握了扎染的全过程，知道了扎染的具体步骤，还产生了“要按自己的想法创作扎染图案”的想法。

首先，幼儿以纸为介，以笔为媒，设计了各具特色的扎染图纸，并积极跟同伴们分享自己的创意。

乐乐：我想要扎染有圆点的作品，就像斑点狗一样，想想就好看。我打算在棉布里面放一些小球，看看能不能成为圆点。

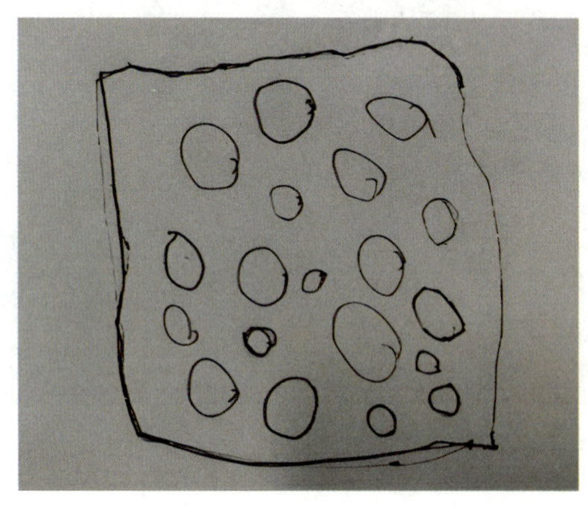

乐乐的创意扎染图纸

明明：我发现夹子夹住的地方就没有图案，如果在这些地方涂不同的染料，是不是就会变成其他颜色的花纹？

红红：我想要做一件条纹衫，上面有一条一条的白色花纹。如果用雪糕棒固定棉布，是不是就会形成条纹呢？

依托设计图纸和扎染的创意设想，幼儿积极向父母等长辈请教，学习了更多花纹的捆法，并掌握了折叠、捆扎、夹扎的基本技巧。

接着，他们开始探索实验，将设计图纸上的图案呈现在布上。在这个过程中，有的幼儿拿出了绳子、雪糕棍等材料跟棉布紧紧地捆在一起；有的幼儿则把布折成了长方形、正方形等形状，然后又揉成一团，用绳子固定，再慢慢滴上染料；还有的幼儿则直接在白布上画了一个五角星，并在上面贴上胶带，还自信地说胶带粘住的地方不会被染料染湿。

幼儿进行创意扎染实验

经过一天的晾晒，创意扎染的作品出炉了。然而，当幼儿仔细观察自己的作品时，他们惊讶地发现，尽管使用了雪糕棒和胶带进行固定，棉布仍然无法被稳固地固定住，而且染料还渗透了胶带的保护区域。

这个发现促使幼儿开始积极地讨论，思考如何把雪糕棒固定起来，希望能够在下一次尝试中解决这个问题。

乐乐：可以用夹子夹住雪糕棒，然后再用橡皮筋固定，这样雪糕棒就不会移动了。

红红：也可以用绳子紧紧地捆住雪糕棒，尝试拽动，如果拽不出来就意味着捆住了。

讨论后，幼儿马上投入实践。乐乐和红红分别用自己的方法调整固定雪糕棒，经过一番努力，他们顺利创作出了自己满意的作品。

幼儿展示扎染作品

教师思考

大班幼儿的探索欲正处于快速提升的阶段，他们会对各种各样的新鲜事物产生浓厚的兴趣，也会提出各种各样天马行空的想法，并尝试按照自己的思路完成扎染作品的创意。他们十分享受实现创意带来的喜悦，并从中获得了继续参与类似活动的自信。

三、课程价值

（一）浸润民族传统文化之美，共探五大领域能力之路

扎染这一非遗技艺成了幼儿探索民族传统文化的新天地。幼儿投入扎染的世界，不仅亲手体验了民族传统文化的乐趣，还在五大领域的能力上取得了显著进步。

1. 语言领域的拓展

在扎染实践中，幼儿学会了用更丰富的词汇来描述色彩和形状。他们不再只是简单地说“红色”或“蓝色”，而是学会了使用“酒红”“天蓝”等更具表现力的词汇。同时，在分享扎染心得的环节里，幼儿充分的交流也锻炼了他们的口语表达能力和逻辑思维能力。

2. 科学领域的启蒙

在白布上复刻创意扎染设计图的实验环节，幼儿初步接触数学和逻辑概念。他们要考虑图案对称、染料比例和图形方位等问题，需要在脑海里不断地演练，再亲手实践才能成功还原设计的图案。这样的实践性学习使幼儿在游戏中轻松掌握基础知识。

3. 艺术领域的创意激发

扎染的本质就是一种艺术创作，每一件扎染作品都有其独一无二的美。幼儿在动手的过程中尝试不同颜色和图案的组合，激发了艺术创意和想象力，培养了审美眼光和创造力。

4. 社会领域交往能力的提升

在扎染小组活动中，幼儿讨论图案设计，交流染色技巧，在小组合作下完成了扎染作品，这不仅锻炼了幼儿的社交能力，还培养了他们的团队合作精神。

5. 健康领域动手能力的提升

扎染活动让幼儿充分进行动手操作，锻炼其手部精细动作。在染色、晾晒、折叠和搬运布料的过程中，幼儿在不知不觉间增强了体质，提高了动手能力；在独自完成捆、扎、染等环节的过程中，幼儿手部的小肌肉群也得到了锻炼。

（二）关注幼儿提问，多途径探索真知，做幼儿成长的“守护者”

老师应正确处理幼儿主体地位与教师行为干预的关系，确保幼儿在游戏和活动中的主人翁精神得以体现，同时加强对幼儿的认知指引，推动其认知能力逐步提升。

在扎染探索的过程中，老师始终关注幼儿之间的交流和讨论内容，并适时加入讨论，或追问，或总结，或帮助幼儿梳理观察结果，并鼓励幼儿通过观察、表征、阅读、实验等途径探索真知。同时，老师注重提供如环境布置、材料准备等物质支持，以及有效提问和教学跟进，从而支持幼儿的学习和成长。

扎染体验的环节设计是根据幼儿的兴趣或遇到的问题而生发的。老师以幼儿的问题为导向，不断生成适应其发展阶段的活动。最开始时，

幼儿提出了“扎染是怎么做的?”的疑问，开展扎染制作方法的探索，进而探究“为何染布无花纹?”“如何扎染出美观的花纹?”等问题。这个探索路径是由表及里、由浅入深、层层深入的。这些问题与困惑的产生也激发了幼儿的探究欲。幼儿全身心参与，老师紧紧追随。在探究扎染的制作方法时，老师鼓励幼儿大胆设想、大胆提问、大胆思考，经过“初步计划—前期准备—活动实施—总结反思—再实验—整理与归纳”，幼儿成功制作出了美丽的扎染作品，幼儿在自主探索中实现了经验迁移和深度学习。

老师深知自己不仅要担起执行课程的责任，更肩负着开发课程的重任。老师需要将以教为主的课程模式转变为以幼儿自主探究为主，应该根据幼儿的发展兴趣和成长需要，敏锐捕捉课程契机，整合课程资源，融合幼儿个体经验，站在幼儿的角度倾听、接纳、理解，帮助幼儿寻求解决问题的方法，真正促进幼儿能力提高，做幼儿成长的“守护者”。

不断成长的我

吴丽华

自从我投身教育事业以来，我深知教育不仅是传授知识，更是引领幼儿探索世界、实现自我成长的过程。我的教育旅程，便是一个不断优化、不断成长的过程。

大学时期，我选择了就读教育专业，因为我热爱孩子，热衷于与他们共同成长，为他们筑梦。多年的一线教学实践让我深切体会到，与幼儿互动，观察他们的成长变化，不仅是我最大的快乐，也是我收获的最大财富。因此，我始终致力探索更优质的教育方法，为幼儿创造更好的学习环境。

其中，让我印象最深、最有成就感的是在大班课程“魅力扎染”中的探索经历。在那次教学中，我大胆尝试了多种新的教学方法和手段，力求为幼儿带来一次别开生面的学习体验。

这个课程的探索源自一次意外的发现。某次课间水果餐点时，在吃火龙果的妞妞不小心把火龙果汁滴在了白色衣服上，衣服上形成了一个像水波纹一样的图案。这个水波纹的图案吸引了很多幼儿的注意，他们纷纷提问：“怎样才能染出漂亮的图案呢？”这个疑问，激发了我和幼儿踏上对扎染艺术的探索之旅。

为了让课程内容更加丰富多彩，我决定突破课堂的物理环境，将课程延伸到家庭，借助家长资源，开展了关于“扎染知多少”的大调查，还鼓励家长在周末带幼儿实地探索扎染文化，并在周一的晨谈时间分享他们的发现。

这是以前没有的教学方式，没想到得到了幼儿和家长的积极响应。许多家长不仅认真参与了调查，还录制了实地探访扎染美术展的视频，

拍摄了照片，甚至带来了家中的扎染衣物与大家分享。

这次家园合作让我深切感受到家长对幼儿学习的热情与支持，也鼓励我在未来的课程中尝试更多元的教学方式。

通过调查，我也发现无论是家长还是幼儿，对这项非物质文化遗产的了解都非常有限。于是，我决定从扎染的起源、材料、工艺等方面入手，引导幼儿深入了解扎染的魅力。

我开展了一次主题教学活动“神奇的蓝靛草”，但这个科学反应对幼儿来说很难理解。这时，我意识到需要运用一些多媒体技术手段，让幼儿通过观看视频直观地感受染料的化学反应，了解蓝靛草是如何变成染料的。这个方式激发了幼儿的兴趣。

随着活动的推进，为了让幼儿能更快地理解扎染制作的“五部曲”(浸泡—捆扎—染色—取出—晾干)，我制作了扎染五部曲的思维导图和教学课件。通过课件，幼儿能直观地看到这五个步骤要做的准备。

在尝试扎染时，我先向幼儿展示了如何将布料折叠、捆绑并染色；然后，我引导幼儿按照步骤导图进行模仿，鼓励他们发挥想象力，创作出属于自己的图案。上扎染课不仅能让幼儿了解民族传统艺术，还能培养他们的创造力、动手能力和团队协作能力。

在教学过程中，我积极尝试新的教学方法和手段，这些创新实践不仅激发了幼儿的学习兴趣，也提高了我的教学水平。同时，我也意识到自我成长的重要性。面对工作中的挑战和困难，我学会了如何调整心态、应对压力。通过与同事的交流合作、反思总结，我不断提升自己的专业素养和教育能力。

在未来的教育旅程中，我将继续积极寻求多元化的学习和发展机会，努力拓展自己的知识和技能领域，不断优化我的教学方法和手段，为幼儿创造更好的学习环境，努力成为一名优秀的教育工作者。

我相信，在不断优化和成长的过程中，我能够为幼儿的成长和未来贡献更多的力量。

幼儿园里的“扎染”

李艳萍

在河池罗城仫佬族的传统制作工艺中，扎染以其独特的魅力吸引着人们的目光。从扎结到浸染的过程充满了创造性，色彩绚丽、图案层层变化的扎染作品，对幼儿有着巨大的吸引力。于是，我在开展民族文化园本课程时，决定将这一传统工艺引入课堂，使幼儿能够零距离感受扎染的魅力。

在一次幼儿园的畅游活动中，我看到本班幼儿围着正在制作扎染的大五班，眼神中充满了专注和好奇，他们的眼睛闪闪发光，像夜空中最亮的星星，好像没有任何干扰能打破他们的专注。有些幼儿还情不自禁地伸出小手试着去触碰一下，说：“老师，我也想玩这个！”“老师，这是什么？”

幼儿专注地观看大五班扎染

看到这个场景，我深刻体会到没有比兴趣更好的老师了，我要抓住这个引发幼儿学习兴趣的契机。

回到班级后，我立即行动，网购了染料、布块、橡皮筋等扎染所需的材料。然后，我把这些材料投放到美工区，让对扎染感兴趣的幼儿在自由体验中探索扎染的奥秘。

幼儿在这个过程中发现，有的布块扎不结实导致颜料串色了，有的幼儿由于手部的力量不够不能拉紧橡皮筋，还有的幼儿用的颜色太多太杂。针对出现的问题，我并没有急于给出答案，而是鼓励幼儿自己去探索，去发现。他们发现，不同的扎法和颜料配比，染出来的效果是不同的。这种探索和发现的过程，正是幼儿学习的过程，也是他们培养创新思维和解决问题的能力的过程。

我知道兴趣是最好的老师，是幼儿最直接的学习动力。在活动中，老师应该最大限度地营造宽松的气氛，最大限度地给予幼儿平等参与的机会。因此，为了能继续调动幼儿的兴趣，并能达到扎染的效果，我先让大家欣赏一些成熟的作品，然后让幼儿票选出想要做的花纹图案，小组讨论如何折布染色并尝试制作。在这样的环境中，幼儿精神振奋，注意力集中，兴趣浓厚，他们全身心地投入扎染的创作。

接下来，幼儿开始自己动手进行扎染。我看到他们发挥出各自的创造力，有的幼儿将布料折叠成蝴蝶的形状，有的幼儿用橡皮筋将布料扎成星星的形状。

每个幼儿都沉浸在自己的创作中，例如：蜘蛛网型组的幼儿尝试通过折叠或者顶立的方式寻找布块的中心点，然后紧紧地抓住布块，使其成为一个紧密的布块团。接着，他们小心翼翼地用橡皮筋给每一个布块团进行捆扎，每两个节点之间的距离都精确到两厘米。这种细致入微的操作需要极高的专注度和耐心，但幼儿乐在其中，享受着创作的过程。

幼儿聚精会神地创作

看到幼儿满脸的喜悦和自豪，我知道这次扎染活动取得了成功。幼儿园里的扎染活动虽然结束了，但它留给每个幼儿的不仅仅是一件美丽的扎染作品，更是对传统文化魅力和价值的深刻体验，是一次宝贵的成长历程。

同时，作为老师的我，也深刻意识到关注幼儿兴趣点的重要性。只有抓住了幼儿的兴趣点，才能更好地引导他们主动探索和学习，让他们在体验中收获成长和快乐。

在未来的日子里，我将继续秉持这一理念，努力为幼儿创造一个充满乐趣和创意的学习环境。我相信，通过这样的教育方式，幼儿不仅能够在幼儿园中获得更多的知识和技能，更能够培养出对学习和生活的热爱和兴趣。

后记

河池，这座位于广西壮族自治区西北部的城市，是一个多民族聚居的瑰宝之地，这里不仅有壮族的深厚文化，还融合了汉族、瑶族、仫佬族、毛南族、苗族、侗族、水族和土家族等世居民族的文化精髓。千百年来，各族人民在这里辛勤耕耘、繁衍生息，以自己勤劳的双手和无穷的智慧书写了河池悠久的历史篇章，共同创造了河池独特而丰富的民族文化。

广西河池市直属机关幼儿园创建于1966年，原隶属河池市市直机关事务管理局，自2017年1月起划归河池市教育局管辖，是一所全日制公办园。作为一所历经近60年悠久历史沉淀的园所，河池市幼在2014年开启集团化办园的新征程，现共有12所集团园。

河池市幼不仅是广西壮族自治区首批示范性幼儿园之一，更是荣获八桂名校、自治区绿色幼儿园、全国三八红旗集体等殊荣，此外，它还是幼儿民族文化艺术教育实验基地。可以说，河池市幼既是河池市唯一的一所市级直属幼儿园，也是河池的龙头园，更是河池市学前教育发展的窗口和旗帜。

园所坐落在美丽的红水河畔，这片土地是少数民族聚居地，具有浓郁的少数民族文化底蕴。河池市幼将河池山清水秀的自然风光以及丰富多彩的民族文化与其“合声”文化巧妙融合，构筑了一个春有花、夏有荫、秋有果、冬有绿，融环境优美、民族文化氛围浓郁、童趣活力于一体的“儿童乐园”。

河池市幼于2002年便开始以民族文化内容课题研究为载体，开展将地方民族文化融入幼儿园教育的研究，这与国家政策方针高度契合。多年来，

河池市幼依托河池地区丰富的多民族文化资源，汇聚多方资源，积极探索将民族文化融入幼儿园教育的实践路径。河池市幼重视河池地区民族文化的传承与创新，致力构建一套丰富且独具特色的民族艺术特色教学体系。

数十年来，河池市幼不断传承、发展、创新，形成了厚重而独特的园所文化，尤其是在民族文化教育活动方面，不仅浸润、滋养了园所的老师和幼儿，也对河池地区的同行产生了巨大的影响。

怀着对传承和发展民族文化教育的初心，愿为促进多民族地区传统文化教育的优质均衡发展尽一己之力。多年来，河池市幼在各级政府、领导、社会的关心与支持下，集全体河池市幼人集体智慧，全方位梳理和总结了近年来开展的特色民族教育活动，最终形成了“地方民族文化融入幼儿园教育”园本课程的教学成果，具有可操作性、传播性、示范性。河池市幼先后接待同行观摩学习几十次，与广大同行分享交流，向大家展示园所在民族文化教育活动过程中的精彩片段和成果。在《民族文化的启蒙之旅：幼儿园地方民族文化课程的实践案例》一书即将付梓之际，我的心情如同翻阅过的一页页稿件，满载着沉甸甸的收获与感动。此书的撰写，不仅是一场对地方民族文化教育实践的深度挖掘，更是一次心灵的洗礼，让我深刻体会到文化传承的温度与力量。从项目的萌芽到今日的果实，每一步都离不开那些在幼儿园里默默耕耘的教育工作者。他们的智慧与坚持，如同璀璨星辰，点亮了幼儿探索世界的眼睛。在调研和编写过程中，我有幸见证了无数感人至深的瞬间：幼儿在老师的指引下，通过直接感知、亲身体验、实际操作进行积极探索、大胆创造，他们沉浸式学习仫佬族的刺绣，跳起瑶族《猴鼓舞》、毛南族《顶卡花》、壮族《打扁担》等舞蹈，唱起壮族的山歌……这些生动的场景，不仅使幼儿园的每一寸空间都洋溢着生机与活力，彰显河池市幼“民族艺术”特色，而且让民族文化在幼儿的心中生根发芽，将中华民族共同体意识融入其中，在幼儿园里呈现出各族儿童像石榴籽一样紧密团结的生动画面，营造出生动、和谐且欣欣向荣的良好氛围。

本书通过翔实的案例分析，展现了如何在幼儿园教育中巧妙融入地方民族文化，既保持了教育的现代性，又不失对传统的尊重。本书探讨了如何创设民族文化环境、选择适宜的教学内容，以及如何通过艺术、游戏、节日庆典等多种形式，使幼儿在参与中自然而然地接受文化的熏陶。这些实践不仅加深了幼儿对自己民族文化的认同感，也为他们打开了认识多彩世界的大门。

在这一过程中，老师们也面临着诸多挑战，例如：如何平衡传承与创新、传统与现代；如何处理文化差异；如何使教学内容兼具游戏性与教育意义等。每个案例背后，都是无数次尝试与调整的结果，凝聚着教育工作者的汗水与智慧。通过这些实践，我们深刻认识到，文化传承不是简单的复制粘贴，而是一种创新与再生的过程，需要教育工作者的热情、耐心与创意。

在此，衷心感谢所有参与本书案例分享的幼儿园、老师、家长及幼儿，是你们让这一切成为可能。同时，也感谢在研究过程中给予指导和帮助的专家学者，没有你们的支持与鼓励，本书难以面世。

最后，我真诚地希望，《民族文化的启蒙之旅：幼儿园地方民族文化课程的实践案例》不仅能够为幼儿园教育工作者提供宝贵的参考与启发，更能激发社会各界对民族文化传承教育的关注与支持。愿每一分努力，都能为幼儿播下一颗文化的种子，让其在未来的岁月里，成长为参天大树，荫庇更多的心灵，让世界因多元文化的融合而更加精彩。

黄雪萍

2024年6月1日

图书在版编目（CIP）数据

民族文化的启蒙之旅 ：幼儿园地方民族文化课程的实践案例 / 黄雪萍，刘潇，韦莹莹主编. --桂林 ：广西师范大学出版社，2025. 3.
ISBN 978-7-5598-7775-8

Ⅰ. G613.2

中国国家版本馆 CIP 数据核字第 2024P8F417 号

广西师范大学出版社出版发行
（广西桂林市五里店路 9 号　邮政编码：541004
网址：http://www.bbtpress.com）
出版人：黄轩庄
全国新华书店经销
北京汇瑞嘉合文化发展有限公司印刷
（北京市北京经济技术开发区荣华南路 10 号院 5 号楼 1501　邮政编码：100176）
开本：787 mm × 1 092 mm　1/16
印张：16.75　　字数：225 千
2025 年 3 月第 1 版　　2025 年 3 月第 1 次印刷
定价：98.00 元

如发现印装质量问题，影响阅读，请与出版社发行部门联系调换。